P.M.

Paranoia city Verlag

Einführung

Amberland ist weitherum unbekannt. Auch unter ihrem eigentlichen Namen Isckar scheint die Insel unauffindbar. Und doch existiert am äussersten Rand unserer Sicht der Welt Amberland. In der buchstäblichen Peripherie fristet Isckar ein unbeobachtetes Dasein. Selbst die Abenteurer aus der Reisebranche winken ab, wenn von Amberland die Rede ist. Mit diesem Reisebuch versuchen wir, Licht auf den weissen Fleck zu werfen.

Doch auch Isckar erlebte eine goldene Epoche. Die Insel war nicht immer unbekannt, wie das heute scheinen mag. Um die Jahrhundertwende traf sich der europäische Hochadel mit den steinreichen Industriemagnaten aus Amerika an den Stränden von Limas, Vilya oder Nabul. Die Casinos und Grand Hotels der ambrischen Südküste hatten einen legendären Ruf weit über Petersburg und Montevideo hinaus. Das geflügelte Wort vom Diamant in Amberland als Sinnbild für

M

das Sandkorn in der Wüste oder den Wassertropfen im Meer ging um die Welt.

Vieles hat sich seither geändert. Der Fortschritt hat die westliche Welt heimgesucht. Stillstand galt als Schande und Modernisierung als Muss. Nicht in Amberland. Still und heimlich hat es sich von der Industrialisierung abgekoppelt. Schritt halten mit dem Westen war nicht möglich oder nicht erwünscht. Eine wahrhaft orientalische Lethargie machte sich breit und verhinderte die Entstehung einer modernen Konsumgesellschaft. Das inverse Japan trieb dem Untergang entgegen und als die Depression der dreissiger Jahre die Insel erreichte, war die Geldwirtschaft schon fast am Boden. Die Ökonomen verwarfen die Hände und kehrten Amberland ein für alle Mal den Rücken zu. Seither steht der Diamant in Amberland für die Perlen, die vor die Säue geworfen werden.

Heute erleben wir einen zaghaften Neubeginn der ambrischen Annäherung an den Westen. Namentlich die ambrische Jugend sucht den Kontakt mit der Aussenwelt und hat den entscheidenden Impuls zu diesem Reisebuch gegeben. Zwar gilt Reisen auf Isckar als beschwerlich. Geld kann nicht gewechselt werden, Keditkarten werden nicht akzepiert, die Verkehrsmittel sind unpünktlich oder inexistent, die touristische Infrastruktur ist gleich Null, das Personal unzuverlässig und der Service schlecht. Die wenigen Tourismus-Operatoren, die sich auf Isckar umgesehen haben rattern auf Bedarf ellenlange Beschwerdelisten herunter. Nicht einmal das Rückfahrdatum kann voraus geplant werden.

Auch das Staatswesen siecht vor sich hin. Keine Polizei, keine Behörde und kein Rechtswesen schützt die Touristin vor Übergriffen und Diebstählen. Obskure kadis oder gar Ehrengesellschaften und Ritterinnenorden gelten als unberechenbar und sehr langsam, wenn ein Streitfall gelöst werden soll. Zudem ist ohne Beziehungen gar nichts zu erreichen. Weder Unterkunft noch Verpflegung noch Transportgelegenheiten werden in unserem Sinn zum Kauf angeboten.

Die Menschen gelten als nett, aber völlig unzurechnungsfähig, wenn unsere Masstäbe angelegt werden sollen. Doch das Chaos hat

B E R

System. Allerdings nur für die Ambrerinnen aber nicht für uns, wird oft behauptet.

Wer Amberland bereist, braucht fast kein Geld, aber viel Zeit und Geduld. Amberland sollte ambulatorisch, in gemächlichem Schritt spazierend bereist werden. Hektik und Zeitnot sind hier ganz fehl am Platz. Wir stellen uns die typische Amberland-Ambulatorin so vor: Sie hat sich für mindestens zwei Monate von Ihrem Chef verabschiedet und dunkel angetönt, es könnte auch noch etwas länger gehen. Sie liebt die Improvisation und die Überraschung. Sie verfügt über viel Einfühlungsvermögen und Geduld. Sie ist sich nicht zu schade, auch selber mit anzupacken und vergisst dann, dass sie eigentlich in den Ferien ist. Sie schützt sich vor Frustrationen mit der Einstellung: erstens denkt man anders, zweitens als es geht.

Wir sind uns bewusst, dass mit der Veröffentlichung dieses Reisebuches der Geheimtip zum Reiseziel für viele wird und dass damit das Land von den sattsam bekannten Massentourismusmassen überwalzt werden könnte. Wir wissen aber auch, dass die Amberländerinnen diese Entwicklung nicht zulassen werden. Gleichzeitig sind wir über Bestrebungen genau im Bilde, die eine Öffnung wünschen. Nicht um Kapital aus dem Tourismusgeschäft zu schlagen, was in der geldlosen Gesellschaft Iskars ohnehin ein absurdes Unterfangen wäre, sondern um uns zu zeigen, dass der westliche Weg in eine ungewisse Zukunft nicht unausweichlich ist. Die Amberländerinnen wünschen sich lernfähige und für neue soziale Erfahrungen empfängliche Touristinnen. Amberland stellt Ansprüche.

Doch lohnt das Land den Aufwand reichlich. Eine nahezu unzerstörte Natur und eine vielfältige Kultur laden tagtäglich zu neuen Entdeckungen. Dieses Reisebuch soll dazu dienen, das Faszinosum Amberland zu erschliessen ohne es zu stören. Der Verfasser ist sich bewusst, das sein Werk in die Hände Unberufener fallen kann. Er vertraut auf die Gabe der Ambrerinnen, die Kaputtmacher zu erkennen und auszuweisen. Dennoch wünscht er, dass der Geheimtip Amberland zwar ein Tip aber doch geheim bleibt.

Dieses Reisebuch folgt in seiner Gliederung dem klassischen Mu-

L A

ster eines Reiseführers. Ein allgemeiner Teil informiert über die Geographie, die Geschichte, die Literatur und die Kunst des Landes. Namentlich das Kapitel über Sitten und Gebräuche sollte sorgfältig gelesen werden, um unliebsame Überraschungen zu vermeiden. Denn die Ambrerinnen sind stolze, manchmal überempfindliche Menschen. Sie reagieren sehr impulsiv, öfters mit der berühmten ambrischen Ohrfeige, wenn sie Geringschätzung spüren.

Ein oft zu beobachtendes Missverständnis zwischen Aus- und Amberländerinnen wurzelt in unserer Auffassung, dass Berufe den Menschen ausmachen. Wir sind uns gewohnt, dass beispielsweise der Kellner eben Kellner IST und nicht nur spielt. Solche festgelegten Identitäten existieren in Amberland in einem viel geringeren Ausmass. Der Kellner von heute kann der Gast von morgen sein, oder er kann mir nichts dir nichts aus seiner Rolle fallen und eine andere spielen. Die Amberländerinnen sind durch ihre einzigartige Reproduktionsweise nicht an Jobs und Berufe gebunden, die sie bei Missachtung der Regeln verlieren könnten, sondern bewegen sich von Rolle zu Rolle, ohne existenzbedrohende Konsequenzen fürchten zu müssen. Jede Amberländerin ist auch Teilzeitbäuerin, Köchin, etc. Sie will als Mensch ernstgenommen werden und nicht als Berufsausübende.

Ohne böse Absicht kann die Reisende in unzählige Fettnäpfchen treten, unnötig provozieren oder gar beleidigen, wenn sie den elementaren Regeln des sozialen Lebens auf Isckar nicht folgt. Natürlich bleibt die Reise ein Wagnis, über welches ein Buch nicht hinweghelfen kann. Aber gewappnet mit den wichtigsten Konzepten der ambrischen Gesellschaft ist die Reisende vor den schlimmsten Folgen gefeit.

Entgegen seinem Ruf als Heimat der Hinterwäldler verändert sich Amberland laufend. Deshalb sind die Hinweise auf bestimmte burliks und deren Spezialitäten nicht unbedingt für bare Münze zu nehmen, weil die Informationen sich immer auf den Herbst 1988 beziehen und schnell veralten können. Wir sind deshalb für Deine Ergänzungen, Korrekturen und Neuerungen zu diesem Reisebuch sehr dankbar.

In den informativen Text eingestreut findest Du kursiv gesetzte Erzählungen, die wir Dir ans Herz legen möchten, da sie das typisch Ambrische besonders gut zum Ausdruck bringen.

Im hinteren Teil des Buches sind die vier grossen Städte beschrieben: Morham, Talsum, Laduga und Yambur werden vorgestellt. Ein Glossar mit den wichtigsten ambrischen Redensarten schliesst das Buch ab.

Eine letzte Warnung solltest Du Dir hinter die Ohren schreiben: Die Amberländerinnen können sich beleidigt fühlen, wenn Du sie nur aufgrund dieses Reiseführers aufsuchst. Sie wollen von Freundinnen empfohlen sein oder aus Deinem eigenen Antrieb heraus von Dir besucht werden. Diesem Dilemma zu entkommen ist schwierig. Die Gabe der kleinen Lüge wirkt Wunder: anstatt den Reiseführer als Quelle Deiner Inspiration anzuführen, verweise auf eine Freundin Berta. Den Reiseführer versteckst Du am besten in Deiner doga-Tasche oder lässt ihn gleich zuhause. Hast Du ihn sorgfältig gelesen und die kleine Lüge gut geübt, kann nichts mehr schiefgehen.

Auf nach Isckar!

p.m./t.g.

Inhaltsverzeichnis:

King of Amberland — Duke of Isibur

His Highness proclaims:

8 • 2 Q 19 9 7 #

We enjoyed P.W.'s "Amberland"
A nice book, indeed!
It's worth your money.

Ischaohu koniji bi Isibwit
yorb
Roberto Z

1.

Das Land

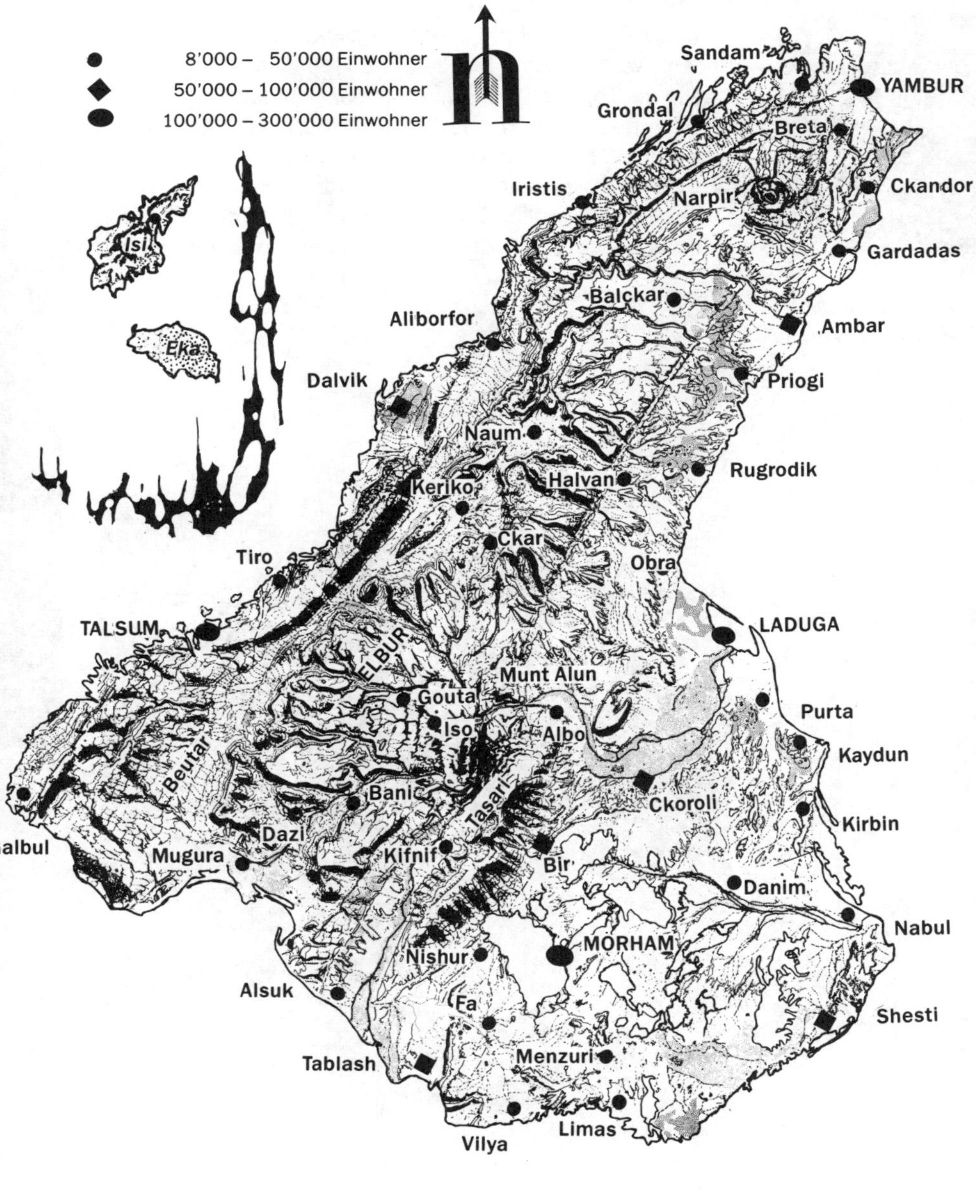

8'000 – 50'000 Einwohner
50'000 – 100'000 Einwohner
100'000 – 300'000 Einwohner
Sandam
YAMBUR
Grondal
Breta
Iristis
Narpir
Ckandor
Gardadas
Isi
Eka
Balckar
Aliborfor
Ambar
Dalvik
Priogi
Naum
Rugrodik
Halvan
Keriko
Ckar
Tiro
Obra
TALSUM
LADUGA
ELBUR
Munt Alun
Gouta
Purta
Iso
Albo
Beutar
Kaydun
Bani
Tasari
Ckoroli
Kirbin
Dazi
Galbul
Mugura
Kifnif
Bir
Danim
Nabul
MORHAM
Nishur
Alsuk
Fa
Shesti
Menzuri
Tablash
Limas
Vilya

Seltene Karstformation im Bentar-Gebirge.

Amberland besteht aus der Hauptinsel Isckar und den beiden kleinen Inseln Isi und Eka im Nordosten. Vorallem vor der steilen, felsigen Westküste liegen unzählige winzige Inseln und Schären, die jedoch meist unbewohnt sind und früher den Piraten und Schmugglern als ideale Verstecke gedient haben. Weitere flache Inseln und Sandbänke findet man im Gebiet der Lagunen um Laduga an der Ostküste.

Isckar bedeckt eine Fläche vom 72.000 km , bei Ebbe etwas mehr. Davon entfallen auf die Elbur-Gebirgskette etwa 26.000 km . Die Wüstengebiete im Süden nehmen ca. 8.500 km ein. Die Seen-Platte von Larskura enthält Seen mit einer Oberfläche von 2000 km ; ein Drittel der Landfläche ist von

Südlich von Fa gehen die garrigues allmählich in die Algardash-Wüste über.

Die fruchtbare Herzsenkung südöstlich von Ambar.

Wald oder Buschwald bedeckt. Isckar hat die Form eines spitzen Dreiecks, das nach Nordosten zeigt. Oft wird gesagt, es gleiche einem Schinken. Muslime sehen in der Form aber eher ein Horn oder Füllhorn. Das Rückgrat der Insel wird vom Elbur, dem recht wilden tertiären Faltengebirge gebildet. Es fällt im Westen steiler ab als im Osten, wo es in ein breites Hügelland (Lugdan, West-Larskura) übergeht. Im Norden endet der Elbur in einer vulkanischen Zone. Der Vulkan Narpir (2.600 m) ist noch aktiv (letzter Ausbruch 1980/81), und rund herum sprudeln und zischen eine Menge Heisswasserquellen und Geysire, die auch als Energiequellen genutzt werden. Der höchste Berg der Insel heisst Munt Alun (4.400 m). Im

Süden verzweigt sich der Elbur gegen Westen in den mineralreichen Bentar (Silber, Eisen, Gold) und das trockene Tasari-Gebirge.

Da der Regen meist an der Westküste fällt, ist der Süden sehr trocken. Zwischen Galbul und bis über Tablash hinaus erstreckt sich die Algardash-Wüste. Das fruchtbare Land verteilt sich entlang den Flüssen Vadakar und Talgil, über einige Oasen und gewisse Küstenstreifen. Im Algardash spürt man die Nähe Afrikas. Auch heute noch sind die Kontakte nicht abgebrochen.

Das Herz Isckars liegt im Larskura mit seinen Hügeln und seinen über hundert Seen, die durch die Flüsse Yarda, Dis und Potamu oder durch die unterirdischen Kanäle verbunden sind. Viele ausgedehnte Höhlensysteme dienten früher den Rebellen, Banditen oder Flüchtlingen als Verstecke. In der Römerzeit wurden sie als Katakomben benutzt.

Die Gegend zwischen der Küste mit ihren langen Sandstränden und den Seen ist wieder trockener. Manchmal geht sie in Buschsteppen (garrigues) über.

Nördlich schliesst sich der Lugdan an, benannt nach dem Fluss Lug. Gegen die Küste hin erstreckt sich ein fruchtbares Flachland, das als Weide und für den Reis- oder Weizenanbau genutzt wird. Die Gebiete zwischen dem Kelfis und dem Lug befinden sich sogar unter dem Meeresspiegel. Typisch für den Lugdan sind einzelne, herausragende Felsbrocken. Auf einem solchen ist die Oberstadt Ladugas erbaut.

Entlang dem Ostabhang des Elburgebirges erstreckt sich eine lange, stark bewaldete Hügelzone mit einigen Seen. Einzelhöfe und Weiler herrschen hier vor.

Die Inseln Isi und Eka mit seinen 500 Einwohnern liegen 220 km von der Hauptinsel entfernt. Isi ist gebirgig, Eka flach. Isi ist 220 km gross, Eka nur 63. Auf Isi liefert eine Heisswasserquelle die gesamte Heizenergie.

Geographisch gesehen ist Isckar also sehr vielfältig: Hochgebirge mit Gletschern, sumpfige Tiefländer, trockene, heisse Wüsten und feuchte Wälder, Steppen, Sandstrände und Fjorde (Nardun), enge Täler und weite Horizonte. Diese Uneinheitlichkeit schlägt sich auch in der Geschichte, der Bevölkerung und in der Wirtschaft nieder. Es gibt kein Amberland – es gibt nur einzelne Regionen oder Bezirke, wie die Amberländer sie nennen.

unten:
Das Dorf Madafa westlich von Bani vom Berg Timraz aus gesehen. Die Häusergruppe im Vordergrund gilt als Proto-burlik aus dem 17.Jh.

oben:
Wilde Felsklippen umschliessen die Schlucht der uruks bei Bani.

Zurück aus den ckorodischen Hügeln.

Das Klima der Insel wird bestimmt durch seine Lage in der subtropischen bis gemässigten Zone und den Einfluss des warmen Maelstroms. Es ist sehr ausgeglichen. Die Winter sind mild und die Sommer erträglich heiss, ausser vielleicht im Algardash. Regen fällt immer reichlich an der Westküste, aber auch im Nordosten.

Die folgende Klimatabelle gibt die durchschnittlichen Minimal- und Maximaltemperaturen der wichtigsten Städte und Muguras an (°C):

	Januar	April	Juli	Oktober
Yambur	6-12	9-16	17-21	14-19
Laduga	8-17	11-18	18-26	17-23
Talsum	12-15	13-17	15-21	14-18
Morham	7-15	10-20	18-27	11-22
Mugura	13-18	14-25	16-30	17-26

Während es im Larskura und Lugdan im Sommer sehr schwül werden kann, weht in den anderen Landesteilen immer eine Brise. Stürme sind häufig im Norden und Westen. Amberland ist zu jeder Jahreszeit ein angenehmes Reiseland. Im Sommer empfiehlt es sich, ins kühlere Gebirge auszuweichen, wo man auch im Juli noch skifahren kann. Im Winter ziehen viele Amberländerinnen traditionellerweise zu ihren fainu-burliks (siehe: Geschichte, Sitten & Gebräuche) im Algardash und sparen sich so den Heizaufwand.

Einwintern in Ckar

Als ich endlich Zeit fand, Norkan in Ckar zu besuchen, war es schon anfangs November. Ich hatte Norkan vor zwei Monaten in einem Café am Gogrini-Platz in Laduga kennengelernt und wir waren auf die Volksepen zu sprechen gekommen. Er hatte mir verraten, dass er – heimlich und superdoga – Tonbandaufnahmen rhapsodischer Vorträge zuhause habe. Diese wollte ich auf meinen Reiserecorder überspielen und aus Isckar hinausschmuggeln.

Als ich in Ckar ankam, war es kühl und neblig. Mir wurde erst warm, als ich die lange Treppe vom Bahnhof zur Stadt hinaufstieg, die auf einer recht grossen Bergterrasse gegen Süden angelegt ist und etwa 45 burliks (18.000 Einwohner) umfasst. Norkan wohnte im burlik «Akika» (Storch) in der Neustadt. Aus dieser Richtung vernahm ich immer deutlicher emsiges Hämmern, Klopfen und Kreischen. In den Strassen herrschte überall Betrieb. Die Stadt schien in einem allgemeinen Aufbruch oder Umbruch begriffen zu sein. Balken, Säcke, Fensterscheiben, Truhen und Kisten wurden herumgetragen. Kleider hingen quer über der Strasse. Kinder rannten mit kleinen Körben und Koffern hin und her. Schweine wurden herumgetrieben. Die Stimmung war geschäftig, aber auch fröhlich. Die typische Dudelsackmusik schallte aus vielen Hinterhöfen.

«Was ist los?» fragte ich die erste Person, die mir begegnete.

«Einwintern!» sagte die Frau kurzangebunden und eilte weiter.

Ich kam zu «Akika». Auch hier herrschte Hochbetrieb. Ich fand Norkan in einer Nebenstrasse. Er sass rittlings auf einem hohen Gerüst. Die Strasse wurde für den Winter mit einem Glasdach überdeckt und in einen Wintergarten verwandelt, der zugleich die Wärme im Häuserblock zusammenhalten sollte. Dabei wurde auch eine besonders ausgeklügelte Vorrichtung montiert, die bei Bedarf den Schnee vom Glasdach automatisch wegwischen konnte. Norkan rief mir zu, dass er keine Zeit für mich habe. Die Gastfreundschaftsgesetze seien zudem während des Einwinterns teilweise aufgehoben. Am besten würde ich gleich mit Hand anlegen und helfen, die Glasdachteile aus dem Keller zu holen...

Was blieb mir übrig? Im Café sassen nur ein paar sehr alte Greise, die erst noch mit Linsen verlesen beschäftigt waren. Keine Stimmung zum Herumhängen wie üblich. Ich stellte meine Reisetasche in eine Ecke und machte mich ans Werk. Es war harte Arbeit. Die Verglasungen waren schwer und ich musste sehr vorsichtig mit ihnen umgehen. Denn Scherben hätten hier kein Glück gebracht.

In der Pause bei Leberwurst und Most erfuhr ich, was alles im Tun war. Das ganze burlik «Akika» wurde auf Winterbetrieb umgestellt. Es handelte sich um einen grossen Häuserblock, eine Blockrandbebauung aus der Jahrhundertwende, die für die Arbeiter der ehemaligen Silberindustrie gebaut worden war. Für den Winter wurden die obersten Stockwerke geräumt, ein Teil der Dachgärten abgeschlossen, Isolationsplatten montiert, Balkone verglast, Doppelfenster eingesetzt, die Nordseite abgedichtet, der Hof, sowie einige Seitenstrassen auf der Höhe des zweiten Stocks teilweise überdacht. Im Innern mussten zusätzliche Wände und Türen zur Wärmedämmung eingesetzt werden. Die Parterreräumlichkeiten wurden durch den Einbezug der Wintergärten etwas grösser, dafür musste man oben zusammenrücken. Es wurde diskutiert, wer zu wem umziehen würde. Vorallem die Kinder hatten grossen Spass an der Sache. Für die Jugendlichen ging es darum, welche Pärchen über den Winter zusammenzogen. Auch das verursachte ziemlichen Wirbel.

Im Hinterhof wurden Schweine abgestochen, verwurstet und eingepökelt, Gänse geschlachtet, Käse eingelagert, Kartoffeln in die Hurden geleert, Sauerkraut eingestampft, Weinfässer aufgefüllt, Holz bereit gestellt, Öfen revidiert usw. Alle hatten etwas zu tun. Die Mahlzeiten tagsüber wurden nur sehr improvisiert gestaltet, dafür stieg jeden Abend ein Fest. Blut- und Leberwürste, Kastanienbrei, gebratene Äpfel, Gänsebraten, Kraut und Berge von Schlagrahm gehörten dazu. Der grosse Energieschub für den Winter!

Der Zeitpunkt des Einwinterns wird in Ckar jeweils vom Rat der Alten festgelegt, die für ihren Entscheid die Mondphase, Stand der Planeten, das Verhalten der Insekten und ihr eigenes Befinden (Rheumatismen) beobachten. Das Einwintern nimmt die ganze Bevölkerung für eine halbe Woche, d.h. 7 Tage, vollständig in Beschlag. Alle andern Arbeiten, Liebhabereien und Reisen werden gestrichen. Die Gäste müssen mithelfen und sich selbst durchschlagen. Wie die Murmeltiere bereiten sich die burliks in den Bergen, wo es sehr kalt werden kann, auf den «Winterschlaf» vor. Das heisst nicht, dass keine Aktivitäten mehr entfaltet werden, sie werden einfach mehr nach innen verlagert. Vorallem werden die burliks so eingerichtet, dass sie möglichst wenig Energie verbrauchen. Etwa ein Drittel der sonst bewohnten Räume wird verschlossen. Die Schlafzimmer werden nur auf etwa 18° geheizt. Es stehen jedoch genug Aufenthaltsräume im Parterre zur Verfügung, wo es gemütlich warm ist. Dazu bleibt das grosse Bad im Betrieb. Wer sich im Sommer über viele Räume, über Loggien, Dachhütten usw. ausgebreitet hat, muss seine Sachen zusammenpacken und ein kleineres Zimmer beziehen.

Als ich ankam, war das Einwintern schon zwei Tage im Gang. Die grossen Arbeiten waren schon erledigt. Nun ging es vorallem darum, die Winterkleider hervorzuholen, das Sommerzeug sicher einzumotten, nochmals die Betten zu lüften und die Stiefel zu flicken. Für etwa 40 Akikaner bedeutete dieses Einwintern auch Abschiednehmen, denn jedes Jahr überwintern traditionellerweise viele Bewohnerinnen, vorallem auch ältere oder gesundheitlich schwächere, in einem befreundeten burlik im milden Alsuk. Für sie ist es die Zeit des grossen Packens, denn im Rahmen einiger fainus nehmen sie auch viele Waren mit.

Ich habe das Einwintern sehr genossen, obwohl ich jeden Abend hundemüde war. Pünktlich am siebten Tag waren wir fertig und das grosse stadtweite Herbstfest begann. Gruppenweise zogen die Ckarerinnen von burlik zu burlik und liessen sich verköstigen. Bei Bier, Most und Wein begutachteten sie auch die phantasievollen Neuerungen, die jedes burlik sich hatte einfallen lassen. Immer neue Sonnenkollektorsysteme, effizientere Heizkessel, neue Abwärmenutzungen, verbesserte Isolationen waren zu besichtigen. Aber auch die Qualität der Würste, des Mostes und der eingemachten Gemüse wurde beurteilt.

Als ich Norkan am achten Tag am Nachmittag aus seinem Kater gerüttelt hatte, mochte er sich nicht mehr erinnern, wo er die kostbaren Tonbänder versteckt hatte. Auch er war umgezogen.

«Vielleicht bei den Sommersachen», murmelte er, «am besten kommst Du zum Auswintern im März... das ist noch viel lustiger.»

Da ich mich persönlich nicht «eingewintert» hatte, nahm ich den Zug mit den Leuten, die in den Süden zogen. Schon in Talsum konnte ich den ausgeliehenen Pullover einem Akikaner mitgeben. ◆

Flora und Fauna

links:
Die Flora des Algadarsh am Talgil nördlich von Tablash hat deutlich subtropischen Charakter.

rechts:
Miku Savat von der dendrologischen Gesellschaft zeigt einen Koribaum bei Keriko.

Flora und Fauna weisen einige Besonderheiten auf, da sich wegen der langen Trennung vom Festland viele Arten erhalten oder entwickelt haben, die sonst nirgends zu finden sind. Im südlichen Elbur finden wir urtümliche Farnbäume, die zabars, im anschliessenden Algardash die sogenannte Zuckerpalme (fakrut, palmyra saccharifera), deren riesige Datteln zur Zuckergewinnung gesammelt werden. Im Waldgebiet östlich des Elbur stehen kori-Fichten, die oft mehrere Jahrhunderte alt sind über 30 m hoch und mehrere Meter dick werden, so dass sie von Baumhüttenleuten bequem bewohnt werden können. Leider wurden viele koris gegen Ende des letzten Jahrhunderts gefällt und zu Eisenbahnschwellen und Grubenholz verarbeitet. Im Lugdan heimisch ist die ambrische Roteiche (payho, quercus ambricus purpureus), aus deren Eicheln sich ein leicht anregendes Getränk brauen lässt. Einen unvergesslichen Anblick bieten die bunten Moosteppiche in der vulkanischen Region um Breta. Dort gedeiht auch die Phosphorrose (ziza, rosa ambrica phosphorica), deren Blüten im Dunkeln gelb phosphoreszieren.

In den Wäldern des südlichen Larskura kannst Du prächtige Orchideen finden. Die Seen sind oft von Seerosen bedeckt, die den Meister der expressionistischen Hermetik Burhamson (vgl. Kunst und Architektur) zu seinen grossflächigen Bildern angeregt haben. Auf gewissen Inseln in Larskura gedeiht der obo, ein schwarz-gelber Pilz mit halluzinogenen Substanzen. Das Einzel-burlik Gadagada, das allerdings auf keiner Karte verzeichnet ist, kann Dir da vielleicht weiter helfen.

Am Vadakar wachsen Bambushaine, in der Wüste die ungoks, Tellerkaktusse von bis zu drei Metern Durchmesser (nicht hineinfallen!). Im Elbur-Gebirge hat sich eine einzigartige Flora erhalten. Hoch oben triffst Du mit viel Glück auf den Goldstern, gorsàmi, ein golden glänzendes Edelweiss. Das Brotmoos (famu) kann getrocknet, gemahlen und zu wohlschmeckendem Brot verarbeitet werden. famu-Brot ist eine Spezialität in Iso. Die dortigen blauen und roten Disteln werden zur Schmuckherstellung verwendet. An Bachufern gedeiht das Bärenzahnkraut (alvàdor, corydalis ursina), das richtig präpariert gleichzeitig als Empfängnisverhütungsmittel und Aphrodisiakum wirkt.

Insektenforscher, Reptilienfreunde und Vogelbeobachter kommen auf Isckar voll auf ihre Rechnung. Erwähnenswert sind die Riesenlibellen im Larskura, die der Sage nach schon kleine Kinder geraubt haben,und die schmackhaften, kiloschweren Tigerschnecken, die in Nishur als Delikatesse zubereitet werden. Der Nordkäfer dreht den Kopf genau nach Norden, wenn man ihn auf den Rücken legt. Die Spiegelschmetterlinge (sesèni) ernähren sich von Moskitos, die sie mit ihren Spiegelflügeln blenden. Die Selbstmordspinnen (nuku-rina) stürzen sich an ihrem Faden von den höchsten kori-Fichten, wobei der Faden manchmal reisst, was den Spinnen ihren Namen eingetragen hat. Die Totengräberameisen erfüllen eine wichtige ökologische Funktion, indem sie die Kadaver vergraben. Zu warnen ist vor den Giftmilben, die in den zahlreichen Teichen anzutreffen sind. Ihr Stich ist tödlich. Örtliche Insektenassoziationen (Tel. 555) können bei Stichen oder merkwürdigen Begegnungen immer helfen.

Reptilienliebhaber werden das hintere Bani-Tal (Algardash) aufsuchen, wo sich Abkömmlinge der Dinosaurier, die uruks, oder Bani-Leguane (saurus ambricus baniensis) erhalten haben. Die Tiere leben in einem sumpfigen Nebental, das durch eine enge Schlucht mühsam erreicht werden kann. Exemplare von bis zu vier Metern Länge (mit Schwanz) sind gesichtet worden. Die uruks haben es trotz ihrer unüberbietbaren Dummheit geschafft zu überleben, weil sie schon immer doga waren. Pro Jahr erlegen ausgewählte Köche in einer rituellen «Jagd» zwei ältere Tiere, um das berühmte Leguan-Kuskus (kuskus-uruk) von Mugura zuzubereiten (eine Rama-

dan-Spezialität). Damit bleibt das ökologische Gleichgewicht im Sumpftal gewahrt.

Ein Wildentenpaar nimmt Reissaus in der Lagune von Putra.

Ja, es gibt Schlangen auf Isckar. Giftige Halbmondottern und Vipern kommen im Gebirge und im Süden vor. Im Algardash lebt die Spring-Kobra, die sich hinter Felsen oder im Sand versteckt und Beutetiere (Mäuse, Insekten) anspringt. Auch dem Menschen kann sie gefährlich werden. Glücklicherweise lässt sie sich durch die kisham-Rassel leicht vertreiben, die auf allen Poststationen und in den burliks ausgeliehen werden kann. Eine besonders grosse, schwarze Natter (guza), die 3 Meter lang wird, kommt im Larskura vor, ist jedoch völlig harmlos und gilt sogar als kinderlieb. Das gilt ebenfalls für die geringelten Hausnattern (maka), die im Süden und im Dirya als Mäuse- und Rattenfänger gehalten werden. Vor den überall gegenwärtigen Geckos (bilbo) brauchst Du auch keine Angst zu haben.

In den Larskura-Seen wimmelt es von Aalen, Karpfen, Hechten und Welsen. Der Larskura-Wels, lotak, erreicht vier Meter Länge und wird darum auch See-Wal genannt. In den meisten Flüssen können Lachse gefangen werden.

Vogelfreunde werden an die Norwestküste reisen, wo viele seltene Vögel ihre Brutkolonien anlegen. Der Papageien-Pinguin, makoto, kann menschliche und andere Stimmen nachahmen und wird oft als Haustier gehalten. Im Elbur leben Adler und die Elbur-Geier (komur). Die flugunfähigen Bodenraben (mari) suchen ihre Nahrung in den Wäldern des Lugdan. Sie verstecken sich tagsüber in Höhlen. Auf Isckar findest Du auch Auerhähne, Störche, Reiher, Fasane und viele andere Vögel. Auskünfte können die Vogelgesellschaften

Ambar-Rinder auf der Weide, südöstlich von Ckar.

und die gastronomische Assoziation (beide Nr. 555) erteilen.

Selbstverständlich haben auf Isckar die Bären überlebt. Der gelbbraune kleine Ambar-Bär (ursus ambricus melliphagus) erinnert weniger an die grosse, schwarze Bärengöttin – vgl. Ambrologie – als an den harmlosen Winnie the Pooh. Er ist rund um den Munt Alun und nördlich davon anzutreffen. Gereizt oder geneckt kann er durchaus gefährlich werden. Er ist ohnehin doga. Ebenfalls im Gebirge lebt der rafu-Bock, eine zierliche Steinbockart, die nur hier vorkommt. Im allgemeinen sind die Säugetiere im Vergleich zu ihren Artgenossen auf dem Kontinent etwas kleingewachsen. Dagegen werden Insekten, Reptilien und Fische eher grösser. Füchse, Biber, Hirsche, Rehe, Luchse und Hasen unterscheiden sich nur wenig von den unsrigen. Allerdings streicht die schwarze Wildkatze parda durch die Wälder Amberlands, die so gross ist wie der Luchs und auch dem Menschen gefährlich werden kann, wenn sie, wie meistens, schlecht aufgelegt ist. Eigentliche Wölfe waren auf Isckar nie heimisch. Die hasmaks, dünnbeinige Koyoten, die Du im Algardash heulen hörst, stammen vielleicht von ihnen ab. Die Küsten werden oft von Robben besucht. Wale spielen vor Grondal.

Die Ambar-Kuh, ein fast schwarzes, kleines und wendiges Tier, das wenig Milch gibt, geht auf ein isckarisches Urrind zurück. Es ist dem Klima und der Gegend perfekt angepasst und kaum krankheitsanfällig. Im Larskura und im Lugdan werden mit Erfolg Wasserbüffel in der Landwirtschaft eingesetzt. Im Algardash werden afrikanische Kamele (Dromedare) gehalten. Der Esel ist ein überall anzutreffendes Transporttier. Im Gebirge werden häufig Maultiere eingesetzt. Im Dirya und Inverdan hat die Pferdezucht seit arabischer Zeit Tradition. Einige Elephanten fühlen sich im Larskura-Gebiet ganz wohl und arbeiten als «Bulldozer mit Hirn». Ziege und Schwein sind mit isckarischen Kleinformen vertreten. Hunde und Katzen sind an gewissen Orten verboten und werden an andern verhätschelt. Der struppige, kleine isckarische Hirtenhund gilt als sehr intelligent.

Die mangelhafte oder klugerweise unterlassene, verkehrsmässige Erschliessung vieler Gebiete hat dazu geführt, dass unberührte Landschaften übrig blieben, die man heute als Naturschutzgebiete bezeichnen könnte. Offenbar waren sich

Das Känguruh-Kalb ist im 16.Jh. in Isckar ausgestorben.

viele ambrische Stämme schon seit Urzeiten darüber im klaren, dass der Mensch nicht überall erwünscht ist. So sind viele Bäume (vorallem koris), Täler, Seen, Sümpfe, Moore, Hügel, Schluchten mit dogas (eine Art Tabu) belegt. Zur Zeit der frühen Industrialisierung erwiesen sich die vielfältigen dogas als richtige «Plage». Banken, Investoren und Ingenieure brachen darob oft in verzweifeltes Wehklagen aus. Wegen kleinster dogas (ein Baum, ein Fels, ein Tümpel) mussten zusätzliche Brücken gebaut, Eisenbahnlinien verlegt und Strassen verengt werden. Staudämme konnten in den dafür höchst geeigneten Tälern nicht gebaut, Sprengungen nicht durchgeführt und Tunnels nicht vorgetrieben werden. Diese lästigen doga-Geschichten haben sicher zum Ruf der Amberländerinnen als Hinterwäldler beigetragen und gaben auch Anlass zu Spötteleien. Doch sie wissen es besser: sie respektieren die uralten dogas mehr denn je und auch der Reisenden sei dringend geraten, sich vor jedem Ausflug sorgfältig nach dogas zu erkundigen. dogas gelten nicht immer absolut – örtliche Hexen, Weise oder Hirten können Dich beraten. Ein geknickter Zweig, ein Strohkranz, drei aufeinander gelegte Steine oder ein Stab mit drei eingeschnitzten Ringen können dogas bezeichnen. Gewisse für die uneingeweihte Besucherin unsichtbare «Tore» können nur nach bestimmten Ritualen oder nach Opfergaben durchschritten werden. Noch strenger geregelt ist die Jagd. Während Adler und Bär gar nicht gejagt werden dürfen, gelten für andere Tiere vielfältige Einschränkungen, wie Mondphase, Zahl der Tiere, Jahreszeit, bestimmte Tage, Jagdwaffe, Ausbildung der Jägerinnen usw.

Auf Grund neuer Erkenntnisse werden heute sogar noch zusätzliche dogas erlassen. Diese neuen, «naturwissenschaftlichen» dogas werden oft mit dem bekannten Bronze-Post-Siegel bezeichnet (siehe: Post, Gepäck, Schilder). Für die Besucherin ist es wichtig zu wissen, dass jede «Beleidigung» der Natur und besonders der dogas von den Isckarerinnen persönlich aufgefasst wird. Der «Tourist», der mit einem gepflückten gorsàmi-Goldstern im Knopfloch ins Tal hinunter stieg und vom ersten Hirten zum Duell herausgefordert wurde, kann davon berichten: Hirnerschütterung, Prellungen im Schulterbereich.

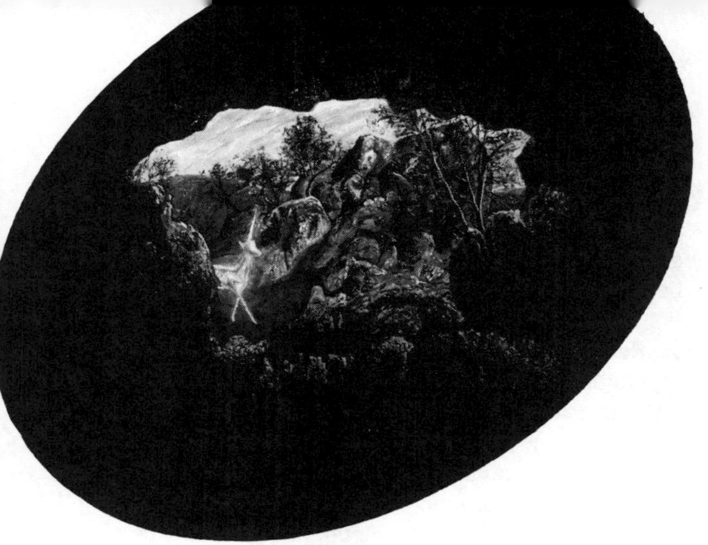

Das ilkur

Nachdem er drei Tage und Nächte in der Höhle auf der Lauer gelegen hat, gelingt dem Verfasser dieser Schnappschuss des äusserst scheuen Ilkurs.

In den lichten Auenwäldern am Oberlauf des Talgil lebt das ilkur, das isckarische Einhorn-Zebra (equus africanus unicornis). Die ilkurs sind Einzelgänger und tun sich nur zur Paarungszeit im November zusammen. Noch nie konnte ein ilkur gezähmt werden. Die Tiere sind ausserordentlich scheu. Sie verstecken sich tagsüber und suchen in den Dämmerungen ihre einsamen Weideplätze auf. Seit Menschengedenken sind sie doga – trotzdem haben sie sich nicht vermehrt und sind sehr selten.

Früher auch in Nordafrika und Südeuropa heimisch hat das ilkur nur auf Isckar überleben können. Das Einhorn wurde überall, wie noch heute das Rhinozeros, wegen seines Hornes gejagt, dem aphrodisische und potenzsteigernde Wirkung zugeschrieben wird. Daher kommt es auch, dass Einhörner in Erzählungen, auf Wandteppichen, in Miniaturen und Gemälden die Funktion von Sexualsymbolen haben.

Wer das ilkur in freier Wildbahn beobachten möchte, meldet sich am besten bei Yaya Auwi im burlik «Qubsum» in Kifnif. Yaya hat ein gutes Auge dafür, ob Du der ilkur-Typ bist, d.h. zu jenen gehörst, die das Einhorn überhaupt zu Gesicht bekommen können. Der Besuch bei Yaya ist keine unnötige Formalität, er soll Dir lediglich eine mögliche Enttäuschung ersparen. Es hat keinen Sinn, auf eigene Faust loszuziehen, um das ilkur zu sehen. Wenn du der ilkur-Typ bist, wird Dir Yaya gerne einen Führer suchen. ◆

2. Die Leute

Amberland wird schätzungsweise von 3.2 Millionen Menschen bewohnt. Die genaue Zahl ist unbekannt, denn der letzte Versuch einer Volkszählung ist 1931 vom Diktator Tasik unternommen worden und scheiterte kläglich. In einem Anfall von nationalem Grössenwahn verkündete aber Tasik, es gebe «4.503.251 Ambrerinnen und Ambrer». Auf 3.2 Millionen kommt man, wenn man mit ca. 8000 burliks rechnet, die wiederum im Schnitt 400 Bewohner haben und sich auf 20 Bezirke verteilen. Dazu kommen einige tausend Besucher. Mindestens ebensoviele Amberländer befinden sich im Ausland.

Da die Industrialisierung auf halbem Wege stecken blieb und dann sogar noch rückgängig gemacht wurde, ergaben sich keine grossen Ballungszentren. Die Bevölkerung ist verblüffend gleichmässig über die Bezirke verteilt. Die Ambrer lieben allerdings das Stadtleben sehr, was dazu führt, dass mehr als die Hälfte von ihnen in den 36 Städten mit mehr als 8'000 Einwohnern leben. Etwa 40% der Bevölkerung wohnt in Dörfern mit 4-8 burliks. Direkte Beziehungen zum Stadtleben unterhalten die meisten Leute über fainus oder burlik-Verwandtschaften.

Die grösste Stadt ist Morham mit ca. 273'000 Bewohnern; es folgen Laduga mit 215'000, Talsum mit 156'000 und Yambur mit 123'000. 1935 zählte Morham noch 430'000 Einwohner. Das Aufkommen der burliks und fainus führte zu einer beträchtlichen Abwanderung. Auch das Schrumpfen der Bürokratie und der Industrie trug wesentlich dazu bei.

Die Bewohnerinnen unterscheiden sich sehr stark nach Herkunft, Aussehen, Lebensweise und Mentalität. In Mugura, Alsuk und Tablash finden sich burliks, die von Schwarzen bewohnt werden, die selber westafrikanische Dialekte sprechen. Diese Amberländer sind zum Teil schon seit dem frühen Mittelalter hier ansässig – wenn sie nicht schon früher gekommen waren. Im Norden wohnen strenge, blonde Ambrer skandinavischer Herkunft.

Die Piratenzeit hat Menschen aus allen Weltgegenden im Gebiet um Talsum teilweise buchstäblich an Land gespült: Deutsche, Levantiner, Malaien, Chinesen, Karibier, Inder usw. Verschiedene Einwanderungs- und Flüchtlingswellen brachten neue Bewohner: römische Sklaven (nach dem Spartakusaufstand), Albigenser, Zigeuner, Vandalen, Russen (nach 1905), Franzosen, Juden, Armenier, Palästinenser usw. In neuerer Zeit zogen die meisten Flüchtlinge weiter in die USA. Nur wer es zu nichts bringen wollte, blieb auf der Insel. Aber solche Leute gibt es viele, sehr sympathische Menschen allesamt.

Heute wimmelt es auf Isckar von «Wirtschaftsflüchtlingen» aus allen Erdteilen, die vor der drohenden industriellen Zivilisierung fliehen. Zunächst durchlaufen sie eine Art Abkühlungsperiode, wo sie lernen, wenig und langsam, dafür behutsam und umsichtig zu leben und zu arbeiten. Danach entpuppen sich diese Leute meist als grosse Bereicherung. Die meisten haben in ihrer Heimat eine gute Ausbildung genossen. Inzwischen haben sich sogar die ersten japanischen burliks gebildet, ohne Honda und Sanyo.

Trotz der Zuwanderung stagniert die Bevölkerungszahl von Amberland seit Jahren. Mehr als zwei Kinder in einer Familie gelten als doga. Im Gebirge wird seit Urzeiten eine gewisse Geburtenregelung betrieben, weil die Leute wussten, dass der karge Boden nicht mehr Menschen ernähren kann. Zudem hatte die Kirche kaum einen Einfluss auf die Geburtenplanung.

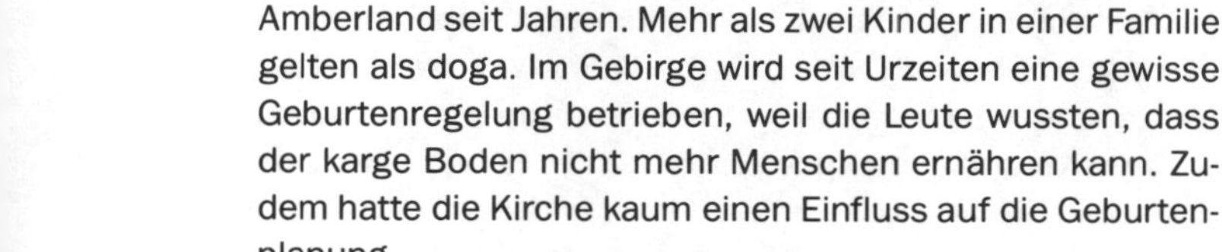

Solidarität mit dem Komintern Agenten Vassilief!

Heute könnte Amberland ohne weiteres die fünffache Bevölkerung ernähren. Aber wozu sich die Mühe machen?

3. Die Geschichte

Proto-isckarische Inschriften bei Albo. Die Bedeutung ist unklar.

Wer sich die Geschichte seiner eigenen Heimat vor Augen führt, muss zum Schluss kommen, dass die Amberländer ein Volk im Pech sind. Fast alle Eroberer haben sich an ihm versucht: Römer, Vandalen, Wikinger, Araber, Spanier und Engländer. Weder Tyrannei, noch Bürgerkrieg noch Hungersnöte und Chaos sind ihm erspart geblieben.

Andererseits hatten die Amberländer das Glück, dass kein Eroberer und keines der aufeinanderfolgenden «Systeme» sich je ganz durchsetzen konnte. Die Geschichte blieb immer wieder im ambrischen Morast stecken. Flucht in die Berge, Schlendrian, passiver Widerstand, überraschende Aufstände und mangelnde Begeisterungsfähigkeit für grosse Würfe haben Eroberer, Könige und Führer immer wieder zur Verzweiflung gebracht und in die Resignation getrieben.

International hatte Amberland auch nie das Gewicht, als dass der Misserfolg aller obligatorischen geschichtlichen Etappen grosse Konsequenzen gehabt hätte. Es hat sich für keine Grossmacht gelohnt, in Amberland zu insistieren. Was überall funktionieren mochte, sei das Sklaverei, Feudalismus, Absolutismus, Industrialismus, Demokratie oder Sozialismus: in Amberland scheiterten alle grossen Entwürfe mehr oder weniger kläglich. Für die Herren der Geschichte bestätigte diese Ausnahme allerdings nur die Regel.

Amberland wurde nie in Ruhe gelassen, aber auch nie ernsthaft in den Hauptstrom der Geschichte einbezogen.

Doch beginnen wir mit der Urzeit. 40.000 v. Chr. war Isckar noch mit dem Festland verbunden, wie die Funde in den Höhlen im Larskura bei Bir zeigen. Der Norden und der Elbur waren damals von Gletschern bedeckt. Weitere spätpaläolithische Lagerstätten wurden in der Gegend südlich von Bani entdeckt. Die Wüste war damals ein grünes Auenland. Auch Mammutknochen, Höhlenbärenschädel und Wollnashornskelette wurden in jener Gegend gefunden. Woher die Ureinwohnerinnen stammen, ist schwer zu sagen – wahrscheinlich gehörten sie zur gleichen Kultur wie Lascaux. Darauf deuten die spektakulären Höhlenmalereien bei Kifnif hin.

Neolithische Dörfer wurden

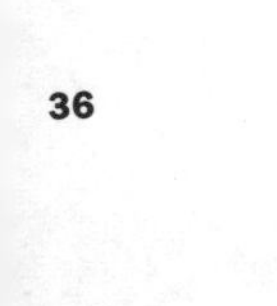

bei Morham gefunden. Die neolithischen Ambrerinnen wohnten in geräumigen Langhäusern und ernährten sich von Hafer, Gerste, Bohnen, Schwein und Wildbret. Heute wird allgemein angenommen, dass in dieser Lebensform bereits die Muster der burliks zu erkennen sind.

Mysteriöse neolithische Ruinen hat man Ende der 20er Jahre in der Wüste zwischen Mugura und Bani ausgegraben. Alles deutet auf eine frühe Stadtkultur hin. Besonderes Aufsehen erregte der Fund von einigen Tausend Tontafeln, die mit bislang unentzifferten Zeichen beschriftet sind. Sie sind weder dem ägyptischen noch hethitischen Kulturraum zuzuordnen. Keramik aus der gebrochenen Bandscheibenkultur kommt auch heute noch überall auf Isckar zum Vorschein.

Über die Herkunft der Urbevölkerung wurden verschiedene Theorien aufgestellt. Vieles deutet auf Nordafrika hin (Berber). Auch die Guantschen auf den kanarischen Inseln könnten mit ihnen verwandt sein, denn auf Isckar ist die gleiche «Pfeifsprache» der Hirten in Gebrauch. Vielleicht sind die Uriscarer Abkömmlinge der Basken – gewisse charakterliche Übereinstimmungen stützen diese These. Allerdings ist ebenso unklar, woher die Basken ihrerseits gekommen sind. Die vorsichtigste Annahme geht davon aus, dass die Urbevölkerung ein Gemisch aus spätpaläolithischen Nomaden, Westeuropäern und Nordafrikanern ist. Auch eine Verwandtschaft mit den amerikanischen Indianern wurde schon postuliert. So etwas wie «Ambrer» hat es sicher nie gegeben und sind als Wahnidee des Tasikismus aufzufassen, der für seine nationalfaschistische Propaganda die «urnordischen ambrischen Seefahrer und Ackerbauern» erfunden hatte. Seither hat auch der Name «Amberland» einen unangenehmen Beigeschmack – die Isckarer selbst gebrauchen das Wort nie.

Gesichert ist die Besiedlung Amberlands durch die Kelten (Gälen, Gallier, Kaledonier, Bretonen?) im Lugdan und im Norden. Die Ortsnamen Lug, Breta, Kaydun usw. belegen die kelti-

Der älteste Schädel Amberlands gehörte einem männlichen Ambopithecus.

schen Einflüsse. In gewissen nordöstlichen Gebirgsdörfern zwischen Breta und Balckar werden gälische Dialekte gesprochen. Keltische Exklaven existieren auch um den Munt Alun herum, der ihnen als heiliger Berg galt.

Umgestürzte Altarsteine aus der prä-phönizischen Megalithkultur, 2x3 m hoch.

Auf eine seltsame Weise müssen sich Urbevölkerung, Kelten und phönizische Siedler vermischt haben. Die Phönizier gründeten die meisten der heutigen Hafenstädte wie Talsum, Galbul, Tiro, Shesti, Iristis und Yambur. Sie waren am Silber (Talsum) und Bernstein (Ambar, Yambur) interessiert und brachten dafür Güter aus Ägypten und dem Orient ins Land. Deshalb sind archäologische Ausgrabungen im Amberland oft ein Alptraum: man findet Objekte von China bis Zentralafrika auf einem Haufen. Das Phönizische (später Karthagische) hat sich in vielen Ortsnamen auf bal, ckar, adas usw. und in der isckarischen Sprache, die das archäologische Sammelsurium wiederum getreu abbildet, niedergeschlagen. Die Phönizier brachten Leute aus Nordafrika und dem heutigen Nigeria nach Isckar. Diese Kontakte sind bis heute nie abgebrochen. Es gibt Schwarze in Isckar, die sagen, sie seien «immer schon» dagewesen. Das ist durchaus möglich.

Den Phöniziern folgten die geschäftstüchtigeren Griechen, die einige der phönizischen Siedlungen umtauften (von Galbul-Callipolis bis Nabul-Neapolis). Bei Alsuk gründeten sie das unvermeidliche Alexandreia (Shandri – eine Ruinenstadt). Sie koexistierten mit den Phöniziern und eine Weile auch mit den Römern. Hauptattraktion waren immer Silber, Bernstein und – wenn sie sich erwischen liessen – Sklaven. Wem die Eroberer nicht passten, der ging einfach in die Berge.

Die Römer rückten nur bis Purta und Ckoroli vor, wo sie einen Limes gegen die Barbaren im Norden und im Gebirge errichteten. Nur in den Bezirken südlich von Morham konnte sich ihr latifundistisches System durchsetzen. Es hat sich lange gehalten – die letzten Gross-

grundbesitzer flohen erst 1932 zusammen mit Tasik nach Italien. Der Limes wurde immer löchriger und Rom brauchte die Truppen anderswo. Die ambrische Provinz zerfiel in viele kleine Fürstentümer – ein grosser Teil des Landes wurde gar völlig der «Anarchie» überlassen. Etwa hundert Jahre lang hatten die Isckarerinnen Ruhe, bis die Vandalen um 423 die Insel besetzten. Da die Römer abzogen, bevor sie sich selbst zum Christentum bekannt hatten, blieb Isckar eine gründliche Christianisierung erspart.

Eine oberflächliche und weitgehend formelle Christianisierung setzten erst die Vandalen durch, deren König Hardrik der arianischen Konfession anhing. Hardrik schlug sein Hauptquartier in Nabul auf und erklärte Amberland zu seinem Reich. Dank der vandalischen Beziehungen zur iberischen Halbinsel und zu Nordafrika blühte der Handel wieder etwas auf, was allerseits begrüsst wurde. Ansonsten liessen die Vandalen die Bevölkerung weitgehend in Ruhe, die nur unter den byzantinischen Straffeldzügen zu leiden hatte. Justinian III. gelang es sogar, die Gegend um Talsum bis zur Ankunft der Sarazenen zu besetzen (Silber!). Inzwischen wanderten immer wieder Sachsen in den Nordosten ein. Dauernde Streitigkeiten zwischen den Sachsen und dem Vandalenkönig, der wiederum mit den Byzantinern kämpfte, machten den almohadischen Sarazenen die Eroberung leicht (680). Sie besetzten den südlichen Teil der Insel bis Dalvik und Purta und hatten auch grossen Einfluss im Norden. Der letzte Vandalenkönig flüchtete mit seinen Getreuen nach Ckar und errichtete dort sein kleines Fürstentum, das erst 1883 von General Solgo aufgelöst wurde. Die übrige Bevölkerung arrangierte sich recht gut mit den arabischen Oberherren. Wieder ganz formell traten die meisten zum Islam über. Die Dorf- und Stadtsilhouetten wurden durch Minarette bereichert; byzantinische Basiliken und arianische Kirchen wurden zu Moscheen umfunktioniert. In Talsum blühte der Handel. Am Sitz des Kalifen in Morham (Al Murhab) nahmen Wissenschaft, Kunst und Literatur einen grossen Aufschwung. Während sich die sarazenische Flotte mit den

Eine Sehenwürdigkeit ist der römische Isistempel in Veari, nordöstlich von Nabul.

Dieses Tonsiegel aus dem 3. Jh. wurde auf einer Schatzschatulle gefunden und wird als Vorläufer des doga-Siegels interpretiert.

Normannisches Schiff in ambrischen Gewässern.

Wikingern herumschlug, hatten Isckar eine recht gute Zeit.

Zwischen den Fronten entstand die Stadt Laduga. Es waren hauptsächlich Flüchtlinge, unabhängige Kaufleute, Sachsen, Vandalen usw., die sich auf die sicheren Laguneninseln zurückzogen. Je mehr sich Wikinger, die Fürsten des «christlichen» Nordens und Sarazenen gegenseitig aufrieben, desto besser ging es Laduga. Sein Beispiel machte Schule: Morham, Nishur, Bir, Ckoroli, Obra, wurden unabhängige Städte, manchmal mit einem «eigenen» Fürsten oder unter «bürgerlichpatrizischem» Regime. Zwischen den Städten bildete sich ein Patchwork kleiner Fürstentümer, die teils von Grafen, teils von Emiren regiert wurden.

Die «Rückeroberung» blieb im Gegensatz zur iberischen Halbinsel auf halbem Weg stecken. Die Sarazenen räumten zwar offiziell das Feld, der Islam und ihre Kultur blieben.

Es waren die Normannen, die um 1050 nochmals versuchten, ein einheitliches ambrisches Reich zustande zu bringen. Jedenfalls erklärte sich Roger I. zum König ganz Ambriens und liess sich in Obra krönen. Seither ist das Königshaus normannisch geblieben.

Nach einer gewissen Zeit empfanden die Isckarerinnen die Normanninnen als sehr lästig, weil sie sich ernstlich daran gemacht hatten, das Land in Grafschaften einzuteilen, Sheriffe einzusetzen und Steuern einzutreiben. Sie wollten auch die Justiz modernisieren und mit den örtlichen Gewohnheitsrichterinnen, den kadis, aufräumen.

Die Städte rebellierten. Laduga löste sich sozusagen vom Reich. Im Innern gründete die Bergbevölkerung Trutzbünde (Bund von Albo, 1230). Im Süden wurde Talsum zu einem eigenen Fürstentum. Für etwa 150 Jahre setzten bürgerkriegsähnliche Wirren ein. Sächsisch-bretonische Gegenkönige tauchten auf. Sekten und Kulte fanden Anhänger. Die Spanier mischten sich ein. Dann kam auch noch die Pest. Der Papst und die Spanier unterstützten die Fürstbistümer (Ckoroli, Danim, Bir) gegen die normannischen Könige. Darauf sagte sich Rasmu III. von Rom los und gründete die Isckarische Kirche. Er eroberte Ckoroli, liess den katholischen Fürstbischof köpfen und schickte die andern Bischöfe in die Verbannung. Die Spanier besetzten Talsum und Vilya.

Hexenverbrennung in Chandor 1571. Wie in Yambur errichteten protestantische Theokraten ihr Terrorregime.

Schliesslich kam es 1621 zum Frieden von Menzuri. Es war ein typisch ambrischer Kompromiss. Offiziell war der isckarische Erzbischof Vertreter der Staatskirche, aber 10 katholische Bistümer blieben samt ihrem Besitz bestehen. Im Süden und im Elbur war immer noch die arianische Kirche vorherrschend, was aber nicht zur Diskussion stand. Zudem wurde der Albo-Bund und die Städte als reichsfreies Gebiet anerkannt.

Als die Spanier in Talsum abzogen und sich der Herzog Adrik allzu arrogant gebärdete, wurde er vertrieben. Die Bürger waren aber zu unentschlossen und so ergriff der ursprünglich aus Deutschland stammende Piratenhäuptling Rollo Langer die Herrschaft. Diesem Beispiel folgten alle Städte von Tiro bis Tablash und im Süden entstand eine Reihe von Piratenrepubliken, die im stillen Einverständnis mit den Engländern Jagd auf spanische und portugiesische (manchmal auch englische) Schiffe machten. Erst ein spanisch-englisches Abkommen um 1711 machte der «Piratenseuche» ein Ende. Talsum wurde von den Engländern besetzt (bis 1873).

1740 versuchte Königin Ana I. Laduga zu erobern. Die Stadt trotzte einer monatelangen Belagerung, bis die königlichen Truppen unverrichteter Dinge wieder abzogen. Laduga ging zwar unbesiegt aber gebrochen aus diesem Kampf hervor und sein Abstieg setzte ein. Der Handel lief nun über Yambur. Königin Ana II. förderte die Industrie und verlegte die Hauptstadt nach Ckoroli. Sie pflegte gute Beziehungen zu Frankreich. Das war auch der Grund, weshalb sie inoffiziell Freiwillige in den amerikanischen Unabhängigkeitskrieg gegen die Engländer entsandte. Da sie sich häufiger in Paris und Versailles aufhielt als in Ckoroli (der Palast war erst im Bau), war Ana II. relativ beliebt. Allerdings wäre sie bei der französischen Revolution fast guillotiniert worden. Zusammen mit einigen Dutzend französischen Adeligen liess man sie entkommen.

Zuhause herrschte allgemeine Unordnung. Diverse Stadtrepubliken hatten sich gebildet (Yambur, Morham, Laduga sowieso) und auch auf dem Land (von Obra bis Ckandor) regte

Flugblatt um 1610. In der Mitte König Rasmu III., der über die päpstliche Partei gesiegt hat. Seltsame Himmelserscheinungen begleiten die Ausrufung der «isckarischen Kirche».

sich der republikanische Geist. Nur der Bund von Albo blieb «königstreu». Ana II. starb inmitten dieser Verwirrung.

In der Kathedrale von Ckoroli wurde 1797 die «ambrische Republik» ausgerufen. Ein Bürgerkrieg folgte, wurde jedoch 1801 durch die Landung des napoleonischen Expeditionskorps unterbrochen. Napoleons Neffe Jean vermittelte zwischen den Parteien und setzte sich zugleich als König Jean I. ein. Er teilte Isckar in 22 Bezirke ein, die den heutigen weitgehend gleichen; er versuchte den Code Napoléon einzuführen und Truppen für den Russlandfeldzug zu rekrutieren. Jede dieser «Ideen» (als solche wurden seine Dekrete aufgefasst) fand einige Dumme, die sie aufnahmen.

Nach Napoleons Zusammenbruch besetzten russische Truppen Yambur. Die Engländer dehnten ihre Besetzung auf den ganzen Süden aus. Orlan II., ein Neffe Anas, wurde als König eingesetzt. Er war eine Marionette Londons. Englisches Kapital kam ins Land und floss in den Bergbau (Talsum) und die Eisenbahnen. Morham wurde Hauptstadt. Allmählich zogen sich die russischen und englischen Truppen zurück. Viele Russen blieben aber in Yambur.

Ein Reichstag mit beschränkter Haftung, den Orlan eingesetzt hatte, rebellierte prompt. Orlan musste fliehen und die Parlamentarier wählten seinen liberaleren Sohn Kalo III. zum König (1845).

Unter dem Einfluss französischer Flüchtlinge und englischer Ludditen brachen 1849 erste Arbeiterinnenaufstände in Morham, Talsum, Gouta und Yambur aus. Ein in Morham zusammentretender «Volkstag» erklärte Kalo III. für abgesetzt, der daraufhin nach Albo floh. Ein kurzer Bürgerinnenkrieg entflammte, der vorallem vom Landadel und gewissen Bauernschichten gegen die liberalen Städte geführt wurde. England intervenierte.

1850 wurde der Frieden von Kirbin geschlossen. Amberland wurde konstitutionelle Monarchie und Kalos Nichte zur Königin Kristin II. gekrönt. Sie hatte praktisch keine Befugnisse mehr. Der erste Ministerpräsident (Reichskanzler) hiess Nerbo Savi (ein Laduger!) und führte verschiedene Reformen durch (Schulpflicht, Industrieförderung, Hygiene). Er war von England und Frankreich abhängig. Grosse Armut breitete sich aus. Viele Amberländer wanderten in die USA aus.

1864 kam es wieder zu Unruhen und Streiks in Talsum, Laduga und Yambur (Morham blieb ruhig). Dabei entwickelten die Bergarbeiter neuartige Hilfsvereine, die fainu-fas: Tauschverei-

Königin Kristin II. (1807-1873). Ihre Funktion hat nur noch repräsentativen Charakter.

Nerbo Savi, von 1850 bis 1863 erster Ministerpräsident Amberlands, führte u.a. die Schulpflicht ein.

ne zwischen Bergarbeitersiedlungen und Bauerndörfern. Häufig schlossen die Arbeiter solche Verträge mit ihren Heimatdörfern ab. Damit kamen sie auch ohne Geld zu Lebensmitteln und die Streiks konnten nur mit grosser Mühe niedergeschlagen werden. 1866 gründen die Arbeiter überall fainu-fas und 1867 wird in Albo ein nationaler fainu-fa gegründet. Dazu beigetragen hat wohl der Einfluss russischer Narodniki (Flüchtlinge) sowie ein Brief von Karl Marx, in dem er schreibt, «dass die Lebendigkeit der ambrischen Dorfgemeinde es ermöglichen könnte, ohne den Umweg der kapitalistischen Entwicklung direkt zum Kommunismus zu gelangen». Seit 1867 spricht man in Isckar von einem «Albo-Plan», der jedoch nie ausformuliert wurde. Von nun an betrieben die Arbeiter aus den Städten und die Bauern ein raffiniertes Mimikri-Spiel, das darin bestand, keine Situation auf die Spitze zu treiben und sich solid zu organisieren, während die offiziellen Institutionen immer einen intakten Eindruck machen sollten.

Nicht alle verstanden dieses Spiel. So beteiligte sich eine Fraktion des fainu-fa (fainu-fa A) 1880 an den Wahlen und gewann sie wider Erwarten auf Anhieb. Auf Betreiben des mehrheitlich ausländischen Kapitals putschte General Solgo. Er blieb als Diktator bis 1906 an der Macht. Diese Diktatur, die als relativ mild zu bezeichnen ist, war ein Segen für die Arbeiterinnen, da sich die Strategie von fainu-fa B besser entfalten konnte. Die Arbeiterinnen liefen der Industrie in Scharen davon, gründeten eigene Kleinbetriebe in den Dörfern oder Quartieren und wurden somit lohnunabhängig. Erste burliks bildeten sich spontan: jeweils um die 400 Personen organisierten sich in einem Quartier mit gemeinsamer Kasse, eigenem Land, Beziehungen zu Bauernhöfen, eigenen Schulen usw. – siehe: Sitten und Gebräuche.

Die Erfindung des «Doppel-Streiks»

Die grossen Streiks der Jahre 1864-66 gelten als Wendepunkt der isckarischen Geschichte. Alle politischen Strömungen beziehen sich auf sie. Natürlich heben sie dabei jene Aspekte und Episoden hervor, die ihre politische Linie rechtfertigen.

In einem Gespräch mit einer älteren Dame in einer Konditorei am Semyonof-Platz im Quartier Ubutok in Talsum erfuhr ich eine ganz inoffizielle Version der Streikgeschichte. Emira, so hiess die Dame, erzählte mir bei heisser Schokolade und Ölgebäck von ihrer Grossmutter, die damals dabei war.

«Mein Grossvater arbeitete als Giesser in der Blackwell-Wagonfabrik. Die Geschäfte gingen gut und die Arbeiter hatten gerade eine geringfügige Lohnerhöhung bekommen. Dadurch gelang es der Firma, die Forderungen nach dem 10-Stundentag vorerst abzublocken. Es wurden im Gegenteil oft Überstunden gearbeitet. Anfangs 64 war daher die Stimmung unter den Arbeitern nicht besonders schlecht und niemand hätte gedacht, dass im Mai die grossen Streiks ausbrechen würden. Sie wären auch nicht ausgebrochen, wenn nicht ...»

Emira tunkte ihr Ölgebäck in die heisse Schokolade. Ich zündete mir eine Zigarette an.

«Nun», fuhr sie fort, «Ende April und im Mai gibt es viel zu tun. Die Häuser müssen geputzt werden. In den Gärten müssen Beete angelegt und Setzlinge gepflanzt werden. Mehrere grosse Feste und Hochzeiten finden statt. Es war üblich, dass alle, auch die Männer bei diesen Arbeiten mithalfen. Doch im Frühjahr 64 waren sie zu nichts zu gebrauchen. Erschöpft von Überstunden und höherer Arbeitsleistung sanken sie abends nur noch ins Bett. Die Frauen des Quartiers Ubutok hatten genug davon. Sie trafen sich seit jeher in ihren Nachmittagsklubs. Das ist eine alte isckarische Institution. Und so beschlossen sie, die Männer auszusperren.»

«Aha», warf ich ein, «das Lysistrata-System.»

Sie schüttelte den Kopf.

»Von einer Verweigerung der Liebe hätten die Männer gar nichts gemerkt, so schlapp waren sie schon. Es war genau umgekehrt. Eines Mittwochmorgens – es war der legendäre 8. Mai 1864 – standen die Frauen sehr früh auf und besetzten die Fabriktore. Als die Männer zur Arbeit gehen wollten, liessen sie sie nicht hinein und schickten sie nach Hause. Es gebe dort genug zu tun.»

Emira lachte. Ich staunte.

«Die Männer standen verdutzt herum, machten einige lahme Versuche die Streikposten zu durchbrechen, gaben dann aber auf. Sie gingen nach Hause, versorgten die Kleinen, brachten die Gärten in Ordnung, die arg im Rückstand waren, sonnten die Matratzen usw. Die Frauen kampierten inzwischen vor den Fabriken, hielten Picknicks ab und erklärten der Werkleitung, dass sie die Männer erst wieder hergeben würden, wenn sie abends frühzeitig und in guter Form entlassen würden. Zudem verlangten sie je nach Saison freie Tage für Gartenarbeit, Weinlese, Kartoffelernte, Hausinstandhaltung usw. Sie wollten ihre bisher freien Nachmittage nicht der Haushaltarbeit opfern. Die Werkleitung wusste weder ein noch aus. War das nun ein Streik oder nicht? Die Arbeiter woll-

Flugblatt zum Doppelstreik: «Fabrik oder Heim. Wir lassen uns nicht in den Haushalt einsperren. Picknick auf dem Orlon-Platz.»

ten ja arbeiten, konnten aber nicht. Es war aber auch keine Aussperrung, denn die Fabriken waren mehr als willig, die Arbeiter hereinzulassen. Eigentlich war es ganz einfach: weil die Frauen zuhause streikten, mussten die Arbeiter in der Fabrik streiken. Der Doppelstreik war erfunden!»

«Und so begann die Bewegung von 1864?» fragte ich ungläubig.

«Ja, so begann es in Wirklichkeit. Die anderen Frauen sahen bald, was bei Blackwell geschah und am nächsten Morgen waren überall die Fabriktore besetzt. Bei Macrory, Stone, Boursant und Willrow & Edgeroyd wurde nicht mehr gearbeitet. Die meisten Männer packten die Gelegenheit beim Schopf und freuten sich über den geschenkten Streik. Sie hielten ihrerseits Picknicks und

Zusammenkünfte in den Gärten und Hinterhöfen ab und organisierten die Hausarbeiten blockweise und rationell, wie sie es von der Fabrik her gewohnt waren. Da konnten auch die Frauen etwas lernen. Die Werkleitungen nahmen nun an, es sei ein normaler Streik und boten Lohnerhöhungen an. Einige Gewerkschaften interpretierten die Aktion der Frauen als Forderung nach 10-Stundentag und freiem Samstag. Unter diesem Etikett breitete sich die Bewegung aus: 50 Stunden sind genug! Aber das war nur die Oberfläche. Die eigentliche Revolution war das Streikleben selbst.»

Emira goss uns Schokolade nach.

«Und so haben die Hausfrauen die ganze burlik-Geschichte in Gang gebracht», meinte ich.

«Oh, nein! Eben nicht. Solange es Haus-Frauen gibt, gibt es keine burliks. Die Frauen weigerten sich damals, Hausfrauen zu werden. Die ganze isckarische Geschichte erklärt sich seitdem daraus.» ◆

Als Solgo versuchte, die burliks polizeilich räumen zu lassen, kam es überall zu Streiks und Unruhen. Er trat zurück und allgemeine Wahlen wurden angesetzt. fainu-fa B rief zum Boykott auf, der weitgehend befolgt wurde (Wahlbeteiligung 45%). So «gewann» fainu-fa A die Wahlen und ein «sozialistisches» Kabinett unter Ministerpräsident Merin Nozo übernahm 1906 die Macht. Nozo setzte in milderer Form die Politik Solgos fort und kompromittierte sich vollständig, als auch er Polizei gegen Streikende einsetzte. Doch man liess ihn gewähren, um den Schein der funktionierenden Institutionen zu wahren. 1918 rief er die Republik aus und verwies Kalo III. des Landes.

Sein Nachfolger wurde noch mit 30% Beteiligung gewählt und wurstelte bis 1928 weiter. Die offizielle Politik hatte nun für die meisten Isckarerinnen schon keine reale Bedeutung mehr – sie hatten sich zum grossen Teil in fainu-fas oder burliks organisiert. Die Industrie taumelte von Krise zu Krise. Der amberländische Rückfall war in vollem Gang.

Der letzte Rettungsversuch ging von den Tasikisten aus, der Bewegung der «Amberhemden». Ihr Begründer, ein Primarlehrerssohn aus Obra namens Aldor Tasik, war nach einem Ferienaufenthalt an der Adria von Mussolinis Faschismus dermassen beeindruckt zurückgekehrt, dass er dasselbe auch zuhause probieren wollte. Er fand finanzielle Unterstützung bei einigen Grossgrundbesitzern im Südosten, denen die Landarbeiter davonliefen, bei Mittelbauern im Nordosten, die ihre Produkte nicht mehr absetzen konnten, bei den frustrierten Kleinhändlern, bei einigen halb ruinierten Industriellen und Financiers und bei ausländischen Kapitalisten, die auf eine Wende setzten.

Aldor Tasik inszenierte seine Bewegung mit Uniformen (gelbbraune Hemden, schwarze Hosen, Stiefel), Fahnen (schwarzes Elbur-Kreuz in gelbem Kreis auf rotem Grund), Liedern, Märschen, aggressiven Posen und Reden. Sein Programm war zwiespältig: die verängstigten Reste von Kleinbürgertum und Bauernstand lockte er mit dem üblichen Gebräu aus nationalem Grössenwahn («Gross-Amberland», Neu-Atlantis usw.), Rassismus (die Ambrer!), Arbeit, Familie, Eigentum. Sein eigentliches Ziel, der Wiedereinstieg Isckars in die industrielle Entwicklung, war im Begriff des «modernen Amberland» enthalten. Neue industrielle Komplexe sollten aus dem Boden gestampft werden, eine eigene Flugzeugindustrie entstehen, Städte sollten saniert werden usw.

Tasik hatte nur darum einen gewissen Erfolg, weil die seit 20 Jahren regierenden fainu-fa-A-Sozialisten auf der ohnehin nur wenig beachteten politischen Bühne immer das gleiche langweilige Stück aufführten. Seine lächerliche Parodie des Faschismus war dagegen immerhin etwas Neues, erregte mindestens einige kleine Emotionen, bot politischen Gesprächsstoff und brachte auch etwas Streit in einige Familien und Quartiere. Gewisse Erstarrungserscheinungen in burliks und fainus, das Festhalten der Gründergeneration an asketischen oder extrem technikfeindlichen Dogmen, brachten Tasik Zulauf an jungen Mitgliedern. Gerade weil er nicht ernst genommen wurde, hatte er hier gewisse Chancen. Viele machten mit, weil sie den Tasikismus als einen neuen Kult, als eine Art pompöses Strassenritual auffassten. Auch seine nächtlichen Feiern, die Aufmärsche mit Fahnen und die Besuche in Italien und Deutschland boten neue Erlebnisse.

Statt Tasik zu ignorieren und leer laufen zu lassen, verschwendeten die fainu-fa-A und einige von der Komintern aufgestachelte Splittergruppen ihre Energien damit, eine antifaschistische Mobilisierung anzureissen. Der Tasikismus erschien

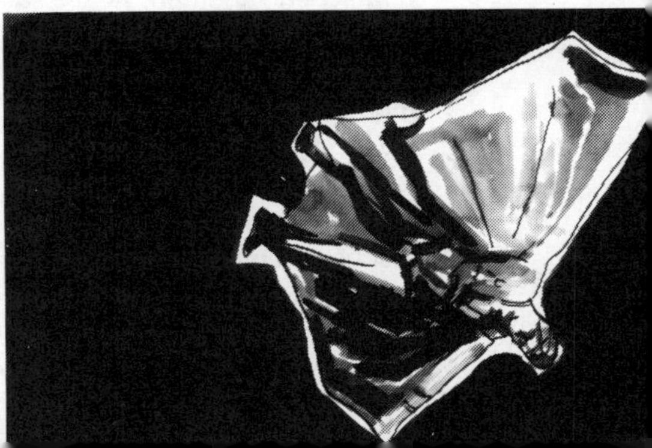

Tasik erobert den Himmel: der Diktator als Flugmensch in einer zeitgenössischen Darstellung.

Taskistische Architektur. Die Abfertigungshalle des Flughafens von Halvan wurde nie fertiggestellt.

nun als gefährlicher Gegner. Seine Attraktivität nahm noch einmal zu. Erste Schlägereien stärkten den Zusammenhalt der «Amberhemden», Wunden schufen Helden und Mythen. Das ganze Theater blieb allerdings beschränkt auf einige mittelisckarische Kleinstädte und Yambur. In Yambur war die burlik-Bewegung besonders schwach, der politische Sektor daher relativ gross und somit auch die Bereitschaft, sich mit dem Tasikismus auseinander zu setzen.

1928 betrug die Wahlbeteiligung noch 20%. Tasiks «Amberfront» gewann 51% der Stimmen, die fainu-fa-A («Demokratische Front») 49%. In Yambur (Stimmbeteiligung: 42%) gewann Tasik 72% der Stimmen. Es war hauptsächlich das Desinteresse an der ohnehin sich zersetzenden staatlich-politischen Sphäre, was die Machtübernahme Tasiks ermöglichte. Hier unterscheidet sich der ambrische Faschismus ganz wesentlich von seinen italienischen und deutschen Varianten, wo die Faschisten effektiv bestehende gesellschaftliche Antagonismen ausnützen konnten. Tasiks früher Sieg war ein Segen für Isckar. Nehmen wir an, er wäre erst 1936 oder 1939 an die Macht gekommen, so wären militärische Interventionen ähnlich wie in Spanien denkbar gewesen, und aus der Komödie hätte leicht eine Tragödie werden können.

Tasik benötigte genau vier Jahre, um sich selbst, sein Programm und seine Bewegung ad absurdum zu führen. Er konnte praktisch nur verwirklichen, was ihm seine einheimischen Gönner oder ausländischen Geldgeber finanzierten, denn der isckarische Staat war völlig bankrott. Tasik setzte zwar die Notenpresse in Gang und brachte auch eine schöne Inflation von 600 – 700% pro Jahr zustande, doch die innere Geldwirtschaft war schon so weit geschrumpft, dass er nur noch seine eigene, schmale soziale Basis ausbeuten konnte. Bauern liefen ihm davon und schlossen lieber fainus ab. Kleinhändler gaben auf.

Tasik musste schliesslich auf seine eigenen Anhänger zurückgreifen, um sie in Arbeitsbrigaden organisiert einige Hafenpromenaden protzig verbreitern zu lassen, Flughäfen anzulegen und 12 km Autobahn (zwischen Obra und Laduga – Reste können heute noch besichtigt werden) zu bauen. Der Enthusiasmus einiger jugendlicher Anhänger kühlte sich damit schnell ab. Freiwillige aus Italien sprangen massenhaft ab und verliessen die Bauplätze. Ein von ihm eingeführter pünktlicher Zugfahrplan brachte das gesamte Verkehrssystem zum Erliegen und führte zu Massenschlägereien auf Bahnhöfen, wo seine «Zeit-Gardisten» verprügelt wurden. Als seine Geldgeber in der Krise nach 1929 ihr Geld und ihr Vertrauen in die Zukunft verloren, war es auch um Tasik geschehen. Er regierte nur noch sich selbst und erfüllte damit immerhin den guten Zweck, Isckar nicht als Land ohne Regierung erscheinen zu lassen und damit die Aufmerksamkeit «echter» Staaten zu erregen. Irgendwann um 1932 oder 33 – niemand weiss es genau – wurde sein Präsidialbüro leer aufgefunden. Es wird angenommen, dass Tasik nach Italien auswanderte oder unter anderem Namen irgendwo in einem burlik mit futuristischer Innenarchitektur lebt.

Erst 1934 fand in Albo ein informelles Treffen einiger hundert burlik-Vetreter aus allen Landesteilen statt. Sie stellten befriedigt fest, dass der Albo-Plan praktisch verwirklicht war. Die Leute in Yambur hatten aus dem Tasik-Wahl-Schock (allzu) schnell gelernt und drastische Konsequenzen gezogen: sie führten burliks auf administrativem Weg als «antifaschistische Präventionsmassnahme» ein. Um die «Regierungs-Lücke», die durch Tasiks Verschwinden entstanden war, möglichst ohne grossen Aufwand zu schliessen, riefen die Delegierten die Monarchie aus und baten eine gewisse Elnora fan Balram, dieses undankbare Amt als Königin Ana III. zu übernehmen. Frau fan Balram stammte wirklich aus altem normannischem Adel und lebte in einem ländlichen burlik in der Nähe von Ckoroli. Sie war eine lebenslustige, ältere Dame, die sich um die Pflege des Golfsports verdient gemacht hatte. Einige Vertreter von Golf-burliks hatten sie vorgeschlagen. Ana III. kreierte eine provisorische Landesfahne, drei weisse Golfbälle auf grünem Grund, organisierte eine fünfspännige Kutsche und zog demonstrativ ins Präsidentenpalais in Morham ein. Photos wurden gemacht, Communiqués an die internationalen Agenturen verteilt – und damit war alles wieder in Ordnung. Sie verliess das Palais

Das tasikistische Elkur-Kreuz.

durch einen Hinterausgang und nahm ihr früheres Leben wieder auf. Das ganze hatte sie nur einen Tag gekostet. So hielt sie es weiterhin: jedes Jahr ein neues Photo und ein nichtssagendes Communiqué. Der Rest war Golf.

1936-1939 kämpften einige tausend isckarische Freiwillige im spanischen Bürgerkrieg. Hunderte starben. Nach Francos Sieg flohen tausende von spanischen Anarcho-Syndikalisten nach Isckar. 1942-48 wurde Talsum US-Nachschubbasis. Tasiks Flughäfen dienten amerikanischen Bombern, bevor andere Flugzeuge sie je benutzt hatten. Nach dem Krieg kam eine Studie amerikanischer Ökonomen zum Schluss, dass Amberland nicht in den Marshall-Plan einbezogen werden sollte, da die Grundlagen jeglicher zukünftiger Profitabilität fehlten. Dem Einfluss ambrischer Emigranten in Washington war es zu verdanken, dass die USA ihren Stützpunkt räumten und Amberland als «rückständige agrarische Monarchie» abschrieben.

Ein amerikanisches Bombergeschwader am ambrischen Himmel.

1958 starb Ana III., und ihr Neffe, ein ausgezeichneter Tennis- und Bridge-Spieler, bestieg als Roberto II. den Thron. Er trat noch seltener auf als Ana III. und soll schliesslich per Telefon von einem Kasino in Limas aus einen Ministerpräsidenten namens Valeri Popof ernannt haben. Amberland wurde eine konstitutionelle Monarchie. Offiziell ist dies heute noch die Staatsform Amberlands. Manche sehen das Herz-As für die neue Landesfahne an.

Der mangelnde Sinn der Ambrer für staatliche und nationale Symbolik kann Fremde ordentlich verwirren, umso mehr als dieses Defizit mit der ausgeprägten Pflege von Formen im privaten und burlik-Bereich kontrastiert. Die Landesflagge ist nicht offiziell festgelegt, da auch kaum Gelegenheiten bestehen, sie zu zeigen. Die Bezeichnung des Landes ist nicht geregelt. Zur Wahl stehen: Königreich Isckar, Amberland, Ambrien, Ambrisches Reich. Amberland ist nicht Mitglied internationaler Organisationen, die als bürokratische Leerläufe betrachtet werden. Keine Staatsbesuche werden auf Amberland zelebriert, ausser incognito. Auch russische und amerikanische Generäle benützen ambrische Gebirgshütten oft als Basis für gemeinsame Bergtouren.

Der Mangel an Formen und Repräsentation soll aber nicht darüber hinweg täuschen, dass Isckar gesellschaftlich und international sehr aktiv ist. Nur findet alles knapp unter der üblichen politischen Wahrnehmungsschwelle statt. Fast jedes burlik unterhält praktische Beziehungen zu Dörfern oder Projekten irgendwo auf der Welt. Meist beruhen diese Kontakte auf gemeinsamen ethnischen oder kulturellen Traditionen und bestehen als Besuche, Informations- und Güteraustausch oft schon seit langem und könnten viele Bewegungen in der Weltpolitik der letzten Jahrzehnte miterklären. In einem gewissen Sinn wird auch von Isckar aus an jenem planetaren Netz der antiindustrialistischen Subversion mitgewirkt, dessen Auswirkungen wir heute überall feststellen können. Isckarische burliks sind überall dabei. Sie studieren Methan-Biogas-Methoden in China, helfen in Afrika Saatgut züchten, montieren Sonnenenergieanlagen im Tchad, tanzen in Mexiko, verlegen Wasserrohre in Bolivien, machen Käse in den Alpen, erzählen Geschichten in Sibirien, bringen Whiskey nach Italien, Medikamente nach Burma. Überall unterstützen sie die Kämpfe von Dörfern und Quartieren gegen die Abhängigkeit von den grossen Systemen. Nicht weil sie sich als Weltdoktoren aufspielen wollen, sondern in ihrem eigenen Interesse. Denn die Isckarer wissen sehr wohl, dass sie gegen die Zeit spielen: irgendwann wird die Insel «entdeckt» werden und wenn bis dann die burliks in vielfältigen Formen nicht weltweit gewonnen haben, dann wird auch

Isckar der Entwicklung zum Opfer fallen. Der Sonderfall Amberland hält nicht ewig.

Auch im Innern gibt es knapp unter der klassischen politischen Ebene ein reichhaltiges gesellschaftliches Treiben. Gemeint sind damit die überall gegenwärtigen asosiasiun, Gesellschaften, die sich um die verschiedensten Themen gebildet haben und weiter bilden: Meeresbiologie, Tennis, Automobilismus, Krebs, Empfängnisverhütung, US-Aussenpolitik, Cricket, Astronomie, Schreinerei, Bie-

Ein riskanter Schnappschuss: Premierminister Popof in seinem Pflaumengarten. Aus Sicherheitsgründen muss die Örtlichkeit geheim bleiben.

nenzucht, Baby-Pflege, Gartenbau, Elektronik usw. Jede Ambrerin ist Mitglied in einer oder mehreren asosiasiuns. Die Assoziations-Bewegung geht zurück auf Mitte des 19. Jahrhunderts, als unter dem Einfluss russischer und deutscher Immigranten überall Arbeiterstudienzirkel entstanden. Die asosiasiuns bilden ein unentbehrliches Korrektiv zu den manchmal «idiotischen» Abkapselungstendenzen der burliks. Auch diese sind meist sehr offen und gastfreundlich und haben über fainus mannigfaltige und weltweite Kontakte. Doch vorallem für Jugendliche ist es sehr wichtig, sich im Rahmen lockerer asosiasiuns aus dem Haushalt-Rahmen lösen zu können. Während die burliks die nötige existentielle und emotionale Sicherheit geben, bilden die asosiasiuns ein weites Feld kultureller und sozialer Invention. Gerade weil es die burliks gibt, können die asosiasiuns so ungebunden funktionieren. Männer wie Frauen nehmen unbeschwert am Vereinsleben teil. Diese Ungebundenheit führt dazu, dass asosiasiuns oft sehr kuriose, exzentrische und esoterische Anliegen haben. So finden wir z.B. den James-Dean-Club, Mineralwasseretiketten-Sammler, Ulysses-Lese-Zirkel, Miniaturautorennbahnvereine, Seifen-Figuren-Modelliererinnen, Picasso-Fälscherinnen, Politiker-Imitatorinnen, einen internationalen Trambilletsammlerklub, Meteoritensucherinnen usw. Daneben bestehen auch sehr viele irgendwie «nützliche» asosiasiuns, die zu einem grossen Teil das leisten, was bei uns staatliche Organisationen mit viel grösserem Aufwand erledigen (Universitäten, Ämter, öffentliche Dienste). Es existiert logischerweise auch eine «Assoziation der Assoziationen» (nicht alle sind Mitglied), die beratende Funktionen wahrnimmt, bei Gründungen hilft und vorallem den Telephondienst Nr.555 unterhält, der Dich bei Fragen und Problemen mit einer kompetenten asosiasiun verbindet. Die asosiasiuns verfügen meist über klare Entscheidungsstrukturen, wobei die Verfahren mit vielen Zufallselementen (Los) gewürzt sind, damit sie sich nicht «demokratisch» verfestigen. Dieses System wird oft «Demarchie» genannt (Demokratie & Anarchie). Ihre Kongresse, Tagungen, Messen, Festivals und Vorträge sind wichtige Informationsquellen und zugleich gesellschaftliche Anlässe, die oft mit Bällen, Banketten, Picknicks und Festen ergänzt werden. Der burlik-Delegiertenrat, das informelle Parlament, der gewisse inselweite Geschäfte wie Bahn, Telephon, Schiffsverkehr, Devisen und Industrien regelt, ist auch nichts anderes als eine solche asosiasiun. Was als «Staat» übrig bleibt, ist nur noch ein Spezialfall des Vereinslebens. Damit ist die Politik zwar nicht abgeschafft. Denn auch in den asosiasiuns wird debattiert. Spaltungen und Skandale sind nichts Aussergewöhnliches. Aber die Politik ist doch themenmässig aufgefächert und wird durch die Selbstständigkeit der burliks an den Rand gedrängt. Die Isckarer sind sich klar bewusst, dass alles unternommen bzw. vieles unterlassen werden muss, damit dies so bleibt. Daher rührt ihre Aversion gegen «übergreifende» nationale Symbolik und Institutionalisierung.

Der nüchterne Charakter der Ambrer ist ein Produkt ihrer geschichtlichen Erfahrungen. Ideologische Konstruktionen und Heilserwartungen hatten bei ihnen nie eine Chance. Es ist schwierig, mit ihnen Grundsatzdiskussionen über die «grossen» politischen Themen zu führen. Sie fragen immer: «Wer produziert die Kartoffeln?» und nie: «Welches ist die nächste zu erklimmende Stufe der weltweiten gesellschaftlichen Entwicklung?» Wie Kranke, an denen zu viele historische Kuren ausprobiert worden sind, haben sie den Glauben an die Medizin verloren. Sie wurden früh – schon unter den Phöniziern – »verdorben» und jeder politischen Begeisterungsfähigkeit beraubt. Utopien jeder Machart interessieren sie nicht. Gegen «Systeme» sind sie allergisch. Ihre «Bauernschläue» und ihr kühler Realismus vereiteln jeglichen visionären Höhenflug. Revolutionäres Pathos erzeugt sofortiges Gelächter.

Trotzdem sind sie keine bornierten «Dörfler», sondern Kosmopoliten von Anfang an. Die burliks sind nicht direkt aus den alten Dörfern entstanden, sondern auf dem Umweg über eine glücklich vereitelte Industrialisierung und Urbanisierung. Der alte Albo-Bund musste untergehen, damit der Albo-Plan beginnen konnte. Die alten, kleinräumigen Eigentumsstrukturen mussten verschwinden, damit die neue, offene Stadt/Land-Hauswirtschaft entstehen konnte. Drückende Stammes- und Familienbande mussten von den Städten her zerbrochen werden, damit die flexiblen burliks aufgebaut werden konnten. Heute wird besonders den Jugendlichen immer stärker bewusst, dass Isckar zu klein ist für die burliks, die ihre inneren und äusseren Grenzen erreichen. Immer mehr «Gründer-burliks» veröden und «ent-burliken». Alte und Junge suchen nach neuen Antworten auf die alten Fragen. Alterskrankheit und Adoleszenzkrise treffen aufeinander... Bekommt Isckar eine zweite oder dritte Chance?

Die «Erdverbundene», eine 1,2 kg schwere Kartoffel ist im naturhistorischen Museum in Yambur zu besichtigen.

Die Vassilyef-Affäre

Es war ein regnerischer Nachmittag in Yambur. Ich sass in einer der verrauchten Seemannskneipen am alten Hafen. Ich glaube, es war der «Parush Yolgo» (Gelber Papagei). Ein Glas Grondal-Whisky stand vor mir. Ich hatte eine Zigarette gerollt und schaute durch die schmutzigen Scheiben auf den Quai hinaus.

Ohne «Eki likat?», die Formel ist in Yambur als geziert-bourgeois verpönt, setzte sich ein alter Mann zu mir, stellte seinen Whisky vor sich auf den Tisch und zündete die Pfeife an. Er hatte ein knolliges Gesicht, kleine Augen, tiefe Stirnrunzeln und kurzes, weissgelbliches Haar.

«Yambur-Wetter», brummte er.

Ich nickte.

«Kunststück, dass sie hier dem Puritanismus verfallen sind.»

Ich liess diesen kulturhistorischen Schnellschuss auf mich wirken und sagte dann:

«Und dem Anarcho-Syndikalismus.»

Er grinste und lehnte sich zurück. Dann stiess er mit mir an.

«Schweizer», sagte er, «immer giftig, he?»

Schliesslich kam er auf die Vassilyef-Affäre zu sprechen. Ich wusste damals noch nicht viel mehr, als dass es sich um eine undurchsichtige Mordgeschichte mit Kominternagenten, Moskauer Linienkämpfen und abrupten politischen Schwenkern handelte.

«Es war im Juni 1927», begann Olaf – so hiess er nämlich -, «als die Kominternzentrale einen gewissen Aleksei Vassilyef nach Yambur schickte mit dem Auftrag, die schlappe KPA auf Vordermann zu bringen. Das heisst, Vassilyef war nur sein Deckname. Eigentlich hiess er Erwin Schnider, stammte aus Basel und war gelernter Bankkaufmann. Frag mich nicht, wie er zur KPS und ins Komintern-Sekretariat kam. Er war Schweizer und daher ein Rätsel. Nun, einen Mann mit Namen Vassilyef 1927 nach Yambur zu schicken war eine glatte Selbstmordmission.»

Ich muss Olaf fragend angeschaut haben. Wir tranken einen Schluck. Olaf lehnte sich vor und nahm die Pfeife bedeutungsvoll aus dem Mund.

«Vassilyef – so hiess der berüchtigte Leutnant in Trotzkis Truppe 1921 in Kronstadt. Er hat das Exekutionskommando befehligt, das 200 aufständische Matrosen abschlachtete. Und viele Überlebende jenes Massakers sind nach Yambur geflüchtet. 1927 war die Geschichte noch nicht vergessen. Vassilyef hätte keine 24

Stunden in Yambur überlebt. Aber er hatte Glück. Kaum war er angekommen, als sein russischer Deckname aufflog. Es leben ja hier jede Menge Russen, die sofort merkten, dass er kaum russisch konnte. Schnell sorgten die KPA-Leute dafür, dass die Kronstädter erfuhren, es handle sich nicht um ihren Vassilyef, sondern um einen harmlosen Schweizer. So überlebte er fürs erste. Nun, sein Auftrag war immer noch eine hoffnungslose Sache. Die KPA hatte im ganzen Land kaum drei Dutzend Mitglieder und war nicht mehr als ein pompöser Diskussionsklub mit einem aufgeblähten Gremienkult. Vassilyef sollte eine «proletarische Massenlinie gegen den Sozialfaschismus» durchsetzen, zugleich linke Abweichungen korrigieren und das Studium des Marxismus-Leninismus vertiefen. Als Vassilyef seine Ankunft nach Moskau gemeldet hatte, bekam er postwendend eine Anweisung, innert zwei Monaten Massendemonstrationen zu organisieren und Photos als Beweis seiner Agitationskünste in die Zentrale zu schicken. Das war etwas seltsam und der arme Vassilyef hätte nun den Braten riechen sollen: wer kann schon in zwei Monaten eine Massenbewegung auf die Beine stellen? Er war verzweifelt. Schaffte er es nicht, so würde ihm das als Verrat ausgelegt werden und Sibirien oder eine stille Liquidation wäre ihm sicher. Ausserdem war er auch ziemlich ehrgeizig. Amberland war sein erster Auftrag. Er sollte sich in einer wenig wichtigen, leichten Situation bewähren, um dann nach den USA oder Südamerika versetzt zu werden. Vassilyef träumte von Mexiko. Die KPA-Genossen verstanden sein Dilemma, reagierten aber hilflos. Woher die Massen nehmen? Und erst noch im Juli/August? Schliesslich sagte einer – ich glaube, es war Fasiuk – 'Es bleibt uns nur die Mobilisation der Arbeiter.' Und so geschah es.»

«Was?» platzte ich heraus, «davon habe ich nie gehört.»

»Nun, in der offiziellen Geschichte wird das wohl als eine Episode der antifaschistischen Bewegung gegen Tasik verbucht. Aber es war ganz anders. Die KPA-Genossen sprachen mit ihren Nachbarn, gingen zu den fainu-Depots, zu einigen im Entstehen begriffenen burliks, sprachen in den Kneipen usw. Natürlich konnten sie nicht über 'proletarische Massenlinien' und solches Zeug daherquatschen. Sie schilderten ganz einfach Vassilyefs Lage als derart verzweifelt, dass man ihm helfen müsse, dass er eine Massendemonstration brauche, um nicht liquidiert zu werden. Dabei vergassen sie nicht, den stalinschen Terror in den grellsten Farben auszumalen. Sie übertrieben sogar.»

Olaf lachte spitzbübisch.

«Was noch fehlte, war ein Anlass. Man blätterte in der Parteigeschichte. Der 1. Mai war ja vorbei. Auch die Juli-Revolution. Es musste etwas mit Lenin und Yambur sein. Was wir fanden, war eine Tischrede Lenins im marxistischen Klub am 3. August 1915. Zuerst fand man das lächerlich, dann meinte Fasiuk: 'Wenn wir imstande sind, eine Massendemonstration wegen einer Tischrede zu veranstalten, dann beweist das, dass bei wichtigeren Anlässen die Mobilisierung für uns ein Kinderspiel ist.' Nun, am 3. August 1927 schritten 20.000 Yamburer in kämpferischer Stimmung durch die Strassen der Stadt. Es gab Transparente: 'Nieder mit dem Sozialfaschismus', 'Lang lebe Genosse Vassilyef', 'Hoch die internationale Solidarität' und all der Kram. Auf dem Podest stand die gesamte KPA, vertreten durch das Zentralkomitee mit Vassilyef in der Mitte mit erhobenen Fäusten. Es war eine Pracht. Die grösste Demonstration in Yamburs Geschichte. Und weisst Du was...?»

Olaf zeigte mit dem Mundstück der Pfeife auf mich.

«Den Leuten gefiel es. Ganz zwanglos entwickelte sich daraus ein Volksfest. Vassilyef wurde gefeiert. Man war froh, ihn gerettet zu haben. Viele sagten: das müssen wir wieder einmal machen. Ich konnte mir das nicht erklären. Vielleicht ist es der protestantische Geist der Stadt, der eine gewisse Vorliebe für strenge Formen zum Ausdruck bringen lässt. Wie dem auch sei, die Photos wurden nach Moskau gesandt, wo sie...grosses Entsetzen auslösten. Da muss ich etwas ausholen: Vassilyef war nicht nach Amberland geschickt worden, um etwas zu erreichen. Sein Chef, ein gewisser Habart-Dorot, hatte im Gegenteil Stalin versprochen, ein Beispiel für den Misserfolg der 'proletarischen Massenlinie' zu liefern, damit ein Schwenker in eine andere Richtung vollzogen werden konnte. Wahrscheinlich hatte er gesagt: 'Ich schicke diesen unerfahrenen Grünschnabel zu den ambrischen Hinterwäldlern, werde ihn damit los und das wars dann – die 'Vassilyef-Linie' ist bankrott.' Nun aber sprach die ganze Weltpresse von der erstaunlichen Mobilisation in Yambur. Habart-Dorot war verzweifelt – jetzt hatte er das Messer am Hals. Aus Moskau konnte er nicht weg. Deshalb schickte er seine Tochter Valérie unter dem Decknamen Inez Sanchez nach Yambur, wo sie Vassilyef alles erklären sollte. Die Bewegung musste verschwinden. Es brauchte einen eklatanten Misserfolg, damit ihr Vater überleben konnte. Die beiden verliebten sich natürlich. Aber sie musste zurück nach Moskau, sozusagen als Geisel. Ein tragisches Ende zeichnete sich ab.»

Wir blickten in den Regen hinaus. Es wurde immer trüber.

«Das Zentralkomitee der KPA besprach die neue Lage. Wie konnte ein Scheitern der 'proletarischen Massenlinie' plausibel gemacht werden? Ausgerechnet jetzt, da viele Leute Lust auf Demos bekommen hatten? Man konnte es kaum riskieren, zu Demos aufzurufen und dabei hoffen, dass niemand komme. Natürlich war es möglich, den Leuten die ganze Geschichte zu erklären, aber das wurde nun sehr kompliziert. Stell Dir vor, Du sagst den Leuten: 'Wir machen nächsten Samstag, am Jahrestag der Oktoberrevolution eine Kundgebung. Achtet aber nicht auf die Plakate, bleibt demonstrativ zuhause, geht fischen...'»

«Viel Erklärungsarbeit», meinte ich.

«Und vorallem steht dann nichts in der Weltpresse. Wir brauchten Fakten, über die man berichten konnte. Und so entstand die eigentliche Vassilyef-Affäre. Zunächst erklärten wir Vassilyef zum Verräter. Es gab ja zum Glück Tasik und seine Amberhemden. Vassilyef sollte in unserem Plan mit den Tasikisten konspirieren. Dazu mussten wir erst einmal eine Amberfront-Sektion aufbauen, denn Tasik war noch zu schwach in Yambur, um einen glaubwürdigen Partner einer Verschwörung abzugeben. Mit dieser Amberfront trat Vassilyef in Kontakt. Wir machten Photos von geheimen Treffen. Das Ganze machte viel Spass, muss ich sagen. Wir schickten das Zeug nach Moskau und fragten nach Direktiven. Es kamen keine. Sie brauchten Fakten. Also liquidierten wir Vassilyef, photographierten seine Leiche, schickten unsere Amberhemden an seine Beerdigung, machten wieder Photos und endlich reagierte die internationale Presse: 'Komintern-Agenten liquidieren faschistischen Überläufer', 'Roter Terror', 'Misstrauen in die Massen, wo soll das hinführen?' lauteten die Schlagzeilen.»

Mir wurde es etwas ungemütlich. Olaf fuhr ungerührt fort:

«So weit, so gut. Wir hatten bloss einige Mühe, die Leute in Yambur von Protestdemos gegen die Komintern abzuhalten, weil sie ja Vassilyef und seine Verlobte kannten und gut mochten.»

«Aber...», wandte ich ein.

«Ich weiss, ich weiss», sagte Olaf, «solche Anti-Kominterndemos hätten Vassilyef, bzw. Habart-Dorot, bzw. Valérie alias Inez ja nützen können, würde man meinen. Aber immerhin wäre das doch eine Mobilisierung gewesen. Dabei ging es im Gegenteil darum, die völlige Unmobilisierbarkeit in Amberland zu beweisen. Aber dann kamen die Wahlen von 1928, und alles renkte sich völlig ein.»

Nach einer beklemmenden Pause fragte ich Olaf schliesslich:

«Und die Liquidation Vassilyefs...?»

«Hab ich organisiert», sagte Olaf strahlend, «saubere Arbeit. Präzisionsarbeit, würdet Ihr Schweizer wohl sagen. Es sollte wie ein Unfall aussehen, aber doch jedem klar sein, dass es keiner war. Ein schlecht fingierter Unfall. Es gab damals oft Motorrad-Unfälle. Wir hielten unsere Augen offen. Im Dezember war es soweit. Ein armer Kerl, Dan Holson hiess er, kam bei einem Ausflug nach Breta vom Weg ab und starb. Ich sprach mit der Familie und erklärte ihr den Fall: niemand konnte ihren Sohn ersetzen, aber wir hätten da doch einen Vorschlag. Die Familie Holson kannte Vassilyef und dieser gab sich auch alle Mühe, ihr in der Trauer beizustehen. Ja, man kann sagen, er wurde richtig adoptiert. Dan Holson wurde natürlich Vassilyef. Sein Motorrad war sabotiert worden – ich liess das nachträglich von einem Mechaniker herrichten. Wir machten Photos von der gut geschminkten Leiche, von der Beerdigung. Die Amberhemden zogen ihre Show ab. Vassilyef ruht auf dem Koronovo-Friedhof, mit einem Elburkreuz auf dem Granitgrabstein. 'Unserem Kameraden' steht darauf.»

Ich atmete auf.

«Als dann schliesslich die Amberfront die Wahlen gewann – besonders deutlich in Yambur – war es klar, dass die 'proletarische Massenlinie' versagt hatte. Vielleicht hatten viele Yamburer gerade darum für Tasik gestimmt, damit ja keine Zweifel mehr an Vassilyefs Versagen aufkommen konnte. Auch die KPA löste sich auf, noch bevor sie von Tasik überflüssigerweise verboten wurde.»

«Und Valérie?»

«Ihr wurde erlaubt, Vassilyefs Grab zu besuchen. Die Heirat mit Dan Holson fand in Breta statt. Inez Sanchez galt offiziell für verschwunden. Sie blieben beide auf Isckar und lebten zufrieden und glücklich.»

Ich hatte etwas Hunger. Olaf holte uns saure Heringe, Zwiebeln, Kartoffelsalat, Gurken und Bier.

«Lebt Vassilyef noch?» fragte ich nach einer Weile.

«Oh ja, sicher. Er ist über achtzig, wie ich. Gewöhnlich kommt er um diese Zeit, um sein Bier zu trinken.»

Genau in diesem Moment betrat ein glatzköpfiger Greis mit dickrandiger Brille das Lokal.

«Olaf!» sagte er.

«Erwin! Setz Dich.»

Wir wurden einander vorgestellt.

«Erwin?» fragte ich ihn auf schweizerdeutsch, «hast Du den Decknamen aufgegeben?»

«Aber ja», erwiderte Erwin, «ich habe am Radio gehört, dass Gorbatschow Bucharin rehabilitiert hat. Damit ist die Gefahr für mich vorbei.»

«Da kannst Du nach Basel zurück.»

«Na, dorthin vielleicht noch nicht. Überdies gefällt es mir hier. Auch wenn mir die Fasnacht fehlt.» ◆

4.
Die Sitten und Gebräuche

Die Geschichte führt logischerweise zu den in ihrem Verlauf entstehenden Sitten & Gebräuchen.

Im Mittelpunkt des ambrischen Alltagslebens stehen die oben oft erwähnten burliks. Diese lokalen Gemeinschaften versammeln etwa 400 Personen, die in Dörfern oder Stadtquartieren gemeinsam haushalten. Zu jedem burlik gehören, wenn es sich nicht selbst auf dem Land befindet, etwa 100 Hektaren Land in irgendeiner Form. Das kann ein Bauernhof sein, mehrere Höfe, Weinberge, Weiden, Fischgründe usw. Ein burlik ernährt sich also selbst und jedes Mitglied ist etwa für einen Monat pro Jahr als Teilzeitbauer tätig. Selbst die «Sers» (Herren) und «Soras» (Damen) in Laduga machen heute mit. Man soll sich von ihrem Aussehen (Bratenrock & Zylinder) nicht täuschen lassen! Das burlik stellt im Prinzip alles her, was eine Ambrerin zum Leben braucht. Es ist Kinderstube, Spital und Altersheim in einem. Auch die Schulausbildung (soweit erwünscht) wickelt sich dort ab. Jeder Ambrer wird Dir bereitwillig das Funktionieren dieser selbständigen Grosshaushalte im allgemeinen und seines burliks im besonderen erklären. Jedes burlik ist wieder anders – darauf legen die Ambrerinnen den grössten Wert. Zwischen den burliks bestehen vielfältige, gesellschaftliche, wirtschaftliche und geistige Beziehungen.

Am Karneval von Shesti.

Wenn Du das weisst, so heisst das noch lange nicht, dass Du in Amberland überhaupt ein burlik findest. Die burliks in einer Stadt, z.B. Laduga, sind nämlich nicht angeschrieben wie Hotels oder Läden. Sie sind auch architektonisch nicht voneinander getrennt – sie können ineinander übergehen. Erst wenn Du Ambrerinnen kennenlernst, wird man Dir sagen, wo welches burlik zu finden ist. Erst dann wirst Du Dich im Chaos zurechtfinden können.

Da die Ambrerinnen alles Lebensnotwendige in ihrem burlik vorfinden, existieren keine Läden. Geld spielt so gut wie keine Rolle. Trotzdem wirst Du nicht verhungern, denn jedes burlik unterhält mindestens eine Bar, einen Kaffeesaal und ein Restaurant. Einen Kaffee mit einem Glas Wasser bekommst Du überall. Wenn Du persönliche Kontakte hast, noch viel mehr: ein Zimmer, Kleider, Mahlzeiten, das ganze burlik. Natürlich kann niemand allgemein gültige Regeln aufstellen, wie Du zu solchen persönlichen Kontakten kommst. Es könnte z.B. so passieren: Du setzest Dich an einen Tisch auf der Terrasse eines Cafés am Morio-Platz in Laduga. Das Café ist ein Gemeinschaftsunternehmen der burliks des Quartiers. Der Kellner bringt Dir ungefragt einen Espresso und ein Glas Wasser. Zu Aperitivzeiten vielleicht noch einen kleinen Snack mit Nüssen, Sardellen, Oliven oder Pastetchen. Am Nebentisch sitzt ein distinguierter Herr mit schwarzem Frack und Monokel. Er liest die Times. Nun kannst Du verschiedene Fehler machen, z.B. Dich zu ihm setzen und Dich vorstellen. Er trägt nämlich in seiner Brusttasche ein gelbes Tuch. Ein gelbes Tuch, ein gelber Knopf, eine gelbe

Nelke, ein gelbes Reversband usw. bedeuten in fast ganz Amberland: Lass mich in Ruhe! Hat er das gelbe Zeichen nicht, so lautet die obligatorische Formel immer: «Eki likat, Ser?» (Ist es gestattet, mein Herr?). Dann sagt er entweder: «Bensir» (ja sicher, von frz. «biensûr») oder «Desole» (nein, tut mir leid). Wenn er umgekehrt ein rotes Abzeichen trägt, sucht er geradezu Gesellschaft und hat wahrscheinlich schon «Eki likat?» zu Dir gesagt. Noch wahrscheinlicher wird er sich allerdings in Deiner Landessprache an Dich wenden. Ambrer haben da ein feines Auge. Der Rest ergibt sich von selbst. Nicht überall geht es so förmlich zu und her. In grösseren Städten hat sich jedoch meist ein solches Intimsphärenschutzsystem eingespielt. Manchmal gilt es sogar in den burliks selbst. Wenn Du zu erkennen gibst, dass Du neu bist in der Stadt und keine Bekannten hast, wirst Du mit 90%-iger Wahr-

Waschtag im burlik «Mirbil» bei Nishur.

scheinlichkeit zur nächstfälligen Mahlzeit eingeladen und findest dann auch Unterkunft. Etwa nach drei Tagen erwartet man von Dir, dass Du pro Tag 1-2 Stunden irgendwo im «Haushalt» mithilfst. Hingegen gilt es als Faux-pas, während der ersten 2 Tage auch nur im Geringsten mitzuhelfen: man würde dann meinen, Du schätzest die Gastfreundschaft nicht. Auch sich bedienen lassen will erlernt sein. Wenn Du am dritten Tag abreisen solltest, riskierst Du, als Parasit angesehen zu werden, es sei denn, Deine Gründe seien stichhaltig und bekannt. Von all diesen Regeln gibt es Ausnahmen. So kannst Du z.B. nicht mit einem Gin & Tonic in der Hand im Schatten der Heuernte beschäftigt sind, weil ein Gewitter droht.

Petir Miazor, Mitglied der hydrologischen Gesellschaft hat den Verfasser zum Mittagessen in seinem burlik «Royal» in Laduga eingeladen.

Talsumerinnen geniessen die Dezembersonne auf dem Pier des neuen Hafens.

In gewissen burliks (in Städten) ist der Besucher einfach «einer mehr» und wird nicht gross beachtet. Im Süden oder in den Bergen kann es aber passieren, dass du ein Ehrengast bist. Man räumt Dir die beste Unterkunft ein, schlachtet Schweine oder Ziegen, gibt Dir den besten Platz am Tisch usw. Wenn Du dann im richtigen Augenblick keine Rede hältst oder keine Geschichte zu erzählen weisst, grüsst Dich am nächsten Tag keiner mehr (Rat: immer eine Geschichte auf Lager haben!). Achtung: es gibt auch in den Städten Ableger solcher «traditioneller» burliks!

Die meisten burliks sind ganz zwanglos «familiär». Die Leute laufen im Pyjama herum, sie lassen Dich machen und gehen ihren Beschäftigungen nach. Ganz im Gegensatz zu dieser saloppen Art herrscht im öffentlichen Bereich, in der Stadt, eine ziemliche Förmlichkeit. Der gleiche Mann, den Du vorher noch in Unterhosen sein Fahrrad hast reparieren sehen, kann Dir eine Stunde später in schwarzem Velours-Anzug mit Hut und Krawatte begegnen. Auch Frauen erscheinen in der Öffentlichkeit in langen Kleidern, mit Hut und sogar mit Schleier. Auch den muslimischen Tschador sieht man oft. Das gilt vor allem für den 10. Tag. Amberland hat als einziges Land so etwas wie den französischen republikanischen Kalender beibehalten. Das Jahr hat 36 Wochen à 10 Tage. Der 10. Tag gilt öffentlichen Angelegenheiten, die über das burlik hinausgehen: Sitzungen der Stadtversammlungen, Wahlen, Diskussionen, Gerichtsverhandlungen, Theater, Umzüge, Feste, Kongresse. Dieser «bürgerliche» Tag kontrastiert mit dem lässigen Alltag. Die restlichen 5 Tage der 37. Woche gehen für Neujahrsfeiern drauf. Innerhalb der burliks und regional findest Du die verschiedensten Kalender: julianische, gregorianische, mohammedanische, 6-Tagewochen, 7-Tagewochen, keine Wochen, Mondmonate (in keltischen burliks), Halbmondmonate usw. Es gibt die verschiedensten Fastenperioden (Ramadan, Lenz), die dazu passenden Feste (Karneval) und Vorschriften (kein Fleisch, keine Bohnen, Essen nur abends, nur nachts, ohne Alkohol, ohne Milchprodukte, ohne Nachtschattengewächse etc.). Erkundige Dich nach all diesen Regeln, wenn Du in einem burlik wohnst. Es ist eine Wissenschaft! Fremden wird ein Faux-pas wohl verziehen, aber nicht zwei. Die Amberländerinnen betrachten sich selbst auch als Fremde oder als Flüchtlinge, daher haben sie vor Dir keinen besonderen Respekt. Für sie bist Du eine potentielle Amberländerin!

Auch innerhalb eines burliks kannst Du noch vieles falsch machen. Das Verhältnis Privatsphäre/Halböffentlichkeit ist nämlich in jedem burlik wieder anders geregelt. Einige burliks funktionieren wie Hotels: die Hälfte der Bewohner spielt Gast, die andere Hälfte Personal, mit Rotation nach drei Wochen. Hier sind also nur die Zimmer privat (doga). Andere burliks sind in Gemeinschaften (Sippen, Familien, Wohngemeinschaften) unterteilt, die ganze Häuser oder Stockwerke für sich belegen. Da kannst Du nicht einfach hineintrampeln. Andere burliks weisen den Gästen isolierte Unterkünfte zu und lassen sie nicht am Alltagsleben teilhaben (Klöster, Kulte, Zen-Gemeinschaften usw.). Besonders behutsam muss die Besucherin das Verhalten der Geschlechter studieren. Frauen und Männer haben oft getrennte Wohnungen. Viele Bereiche sind für das eine oder andere Geschlecht «doga». In gewissen burliks wohnen nur Frauen oder nur Männer. Unachtsame Blicke oder Bewegungen können Missverständnisse erzeugen. Die Entblössung oder Bedeckung bestimmter Körperteile kann ungewollte Signale aussenden. Die Widerrufung eines – unbeabsichtigten – Heiratsantrags wird als Beleidigung aufgefasst und hat ein Duell zur Folge.

Am sichersten ist immer die «bürgerlich-neutrale» Anonymität. Ins Gepäck jedes Amberlandreisenden gehört daher unbedingt ein dunkler Anzug und ein formelles Kleid. Von dieser sicheren Basis aus kann der fallenreiche Dschungel der burlik-Eigenarten ausgekundschaftet werden In gewissen ganz «wilden» Gegenden hilft allerdings auch der dunkelste Anzug und die schönste Krawatte nichts.

Verrückte

Bei Deiner Ankunft in Amberland wirst Du vielleicht überrascht sein, dass die Isckarerinnen einen auffallend «verrückten» Eindruck machen. Tatsächlich sind oft nur «Verrückte» anzutreffen. Seltsame Figuren bedrängen Dich mit merkwürdigen Anliegen, starren Dich entgeistert an, palavern endlos über verborgene Schätze und sie verfolgende Wesen. Sie fassen Dich am Ärmel, umarmen

Dich liebevoll oder aber voller Angst, reden auf Dich ein und drängen Dich, ihre Kunstwerke zu bestaunen. Im Sommer wirst Du nackte Verrückte am Brunnen sitzen sehen. Oft haben sie ihren Körper gelb bemalt.

Natürlich gibt es in Amberland nicht mehr Verrückte oder Verhaltensgestörte als anderswo, aber sie werden nicht weggesperrt, sondern bewegen sich frei und werden überdies mit besonderer Achtung behandelt. Verrückte werden meistens von ihren burlik-Angehörigen betreut und bei wichtigen Entscheidungen zu Rate gezogen. Ihnen ein Leid anzutun oder sie auch nur unhöflich zu behandeln, kommt einem schweren doga-Verstoss gleich und wird in der Regel mit Vertreibung aus der Nachbarschaft und oft mit Steinwürfen geahndet. Viele Verrückte leben in eigenen burliks, die allerdings ganz anders als unsere Anstalten aufgebaut sind. So bestehen in Laduga das burlik Irtum (Seeigel) in der Oberstadt und ein kleineres burlik Irtum am Gogrini-Platz. Die Verrückten, die im kleinen und grossen Irtum wohnen, bereichern das Stadtleben mit ihren Umzügen von Irtum zu Irtum und sind sehr angesehen. Ihr Salaat irtum (Seeigelsalat) ist eine schmackhafte Delikatesse. In Talsum existiert ein bekannter Club namens Paranoia City, in dem viele unbeirrbar Verrückte verkehren. Ihre Soirées sind unvergessliche Ereignisse. Auch als (scheinbar) Normale(r) bist Du dort willkommen. Niemand fällt auf, weil alle auffallen.◆

Drogen

Soweit ich weiss werden in Amberland alle bekannten Drogen konsumiert, vom Opium bis zum Jogging. Der Zugang zu den Drogen ist weder eine Geld- noch eine Rechtsfrage. Die Drogen sind prinzipiell gratis. Allerdings musst Du Dich einer der einschlägigen Geheimgesellschaften anschliessen, wenn Du in den Genuss der bewusstseinsverändernden Substanzen kommen willst. Die Geheimgesellschaften beschäftigen sich seit Jahrhunderten, ja seit Jahrtausenden mit der Herstellung, der Anwendung und Verteilung ihrer Drogen. Mehr als das sind sie eigentliche Kultgemeinschaften, die die Drogen als ein Element einer bestimmten Lebensphilosophie betrachten. So werden die Substanzen an bestimmten Orten in einem genau definierten Ritual eingenommen, wobei vorallem auf die stabile soziale Konstellation der Teilnehmer geachtet wird. Geheimgesellschaften verfügen über eigene Geheimsprachen, zeremonielle Kleider, Kultlokale oder -orte, Erkennungszeichen, Amulette und Fetische. Ihre Mitglieder gehen vielfältige Verpflichtungen ein: sie sind an die gegenseitige Hilfe gebunden, müssen auf den Hanffeldern, Kokapflanzungen und Mohnäckern Hand anlegen und die Regeln der Gesellschaft während der Einführungs- und Bewährungsphase genau einhalten. Die Lehrzeit bei einer Geheimgesellschaft dauert meistens ein Jahr. Es steht Dir zwar frei, Deinen eigenen Mohn oder Hanf anzubauen, aber auch das braucht seine Zeit.

Opiumderivate werden von der Gesellschaft der Orphiten für gewisse Rituale gebraucht. Die Orphiten können ihre Ursprünge bis in phönizische Zeit zurückverfolgen. Wenn Du Dich herumhörst, findest Du sicher ein Mitglied dieser Sekte, die heute etwa 2'500 Anhänger zählt. Wenn Du ihnen genehm bist, darfst Du auch in einem der fünf chinesischen burliks von Talsum Opium rauchen. Du sagst einfach:

【病急乱投医】

man wird Dich verstehen. Pilze aller Art werden von den Abukanerinnen im Larskura Gebiet konsumiert. Wer aber nicht mindestens 50 Pilze zweifelsfrei richtig bestimmen kann, hat nicht einmal die Chance, zu einem Vorstellungsgespräch zugelassen zu werden. Koka und Kokain werden von der frühfreudschen Gesellschaft für Rhinopsychologie in Laduga verwendet, um Sprechhemmungen im analytischen Prozess abzubauen. Ebenfalls Kokaderivate werden von der amazonisch-nilotischen Sekte Xingu-Ra verwendet, die ihr Kultzentrum auf einer Insel bei Fa eingerichtet hat und sehr zurückgezogen lebt. Über Xingu-Ra ist sehr wenig bekannt. Was schliesslich die Cannabispräparate betrifft, kann ich nur auf die Sassaniden im Algardash verweisen, deren Lokale sehr verbreitet sind. Die Cannabis-Gesellschaften sind sehr zugänglich: meistens genügt es, mit einem Habitué zusammen den Club zu betreten. Auch Alkohol wird in verschiedenen Vereinigungen gepflegt. Ihre Namen stammen aus dem frühen 19.Jahrhundert: Felicitas, Union, Zufingia, Veritas, Germania (Bier), Confrérie des Taste-vins (section Ambrique), Cordial etc. Daneben gibt es die anderer Stelle erwähnten Buschbiervereine.

Die Aufgabe der Geheimgesellschaften besteht natürlich auch darin, ihren Mitgliedern bei allfälligen Problemen mit dem Drogenkonsum, Überdosis, Sucht etc. beizustehen. Solche Probleme sind jedoch sehr selten. ◆

Die einzige Aufnahme der Xingu-Ra-Sekte zeigt den Meister in der trans-halluzinatorischen Phase.

Wichtig für die Besucher ist auch der Festkalender. Jedes burlik hat sein Fest. Dazu kommen Feste bei der Neugründung von burliks (junge Ambrer ziehen oft aus und gründen ihre eigenen burliks). In einer grösseren Stadt wird jeden Tag ein solches Fest gefeiert, zu dem im Prinzip jedermann und jedefrau eingeladen ist (ein Tip in Sachen Essen & Trinken). Das Jahr beginnt mit Karnevalen verschiedenster Art. Künstlerisch-traditionell ist jener von Laduga anfangs März. Wildgefährlich jener von Albo anfangs Februar. Später kommen die Frühlingsfeste (Ostern, Passach, 1. Mai, Walpurgisnacht), die meist an eine Fastenperiode anschliessen.

Besonders feine Blutwürste werden im Zuber (links) von extra ausgewählten Schweinen (rechts) hergestellt: Schweineschlachtfest in Halvan Mitte Oktober.

Im Sommer finden Regatten in Morham (11. Juni) und Purta (3. Juli) statt. Am Ende der Alpsaison (Sept.-Okt.) werden Feste in den Berggebieten (Albo, Ckar, Balckar) veranstaltet.

Dann folgt das Bierfest von Obra, diverse Schweineschlachtfeste um Halvan. Im Herbst finden Winzerfeste in Fa, Menzuri und Limas statt. Dazu kommen Messen und Jahrmärkte an vielen Orten.

Das Erntedankfest von Ckoroli (anfangs November) ist berühmt. In Yambur wird eine Fischprozession abgehalten.

Zum Jahresende gibt es Weihnachten, Sonnwendfeiern, Opferfeste, Neujahrsfeste. Das Neujahr in Talsum ist besonders laut und wegen der überall explodierenden Feuerwerkskörper auch gefährlich (jedes Jahr einige Tote und viele Verletzte).

Wegen der vielen Feste (ca. 160 Tage im Jahr) kommen die Amberländer kaum zur Arbeit. Ihre Nichtverwendbarkeit für den Fortschritt hat sicher mit ihrem Festhalten an den Festtagen zu tun (natürlich immer aus religiösen Gründen).

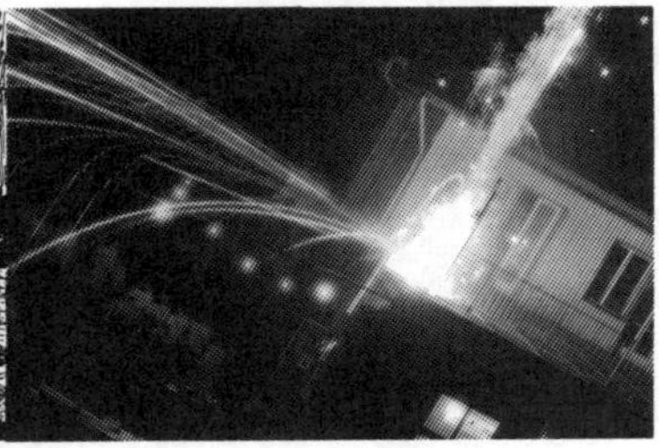

links:
Schon im Mittelalter arteten die amberländischen Feuerwerke oft in Feuersbrünste aus.

rechts:
Das Neujahrsfeuerwerk im Quarter Talsik in Talsum ist ein riskantes Abenteuer für die unbedachte Reisende.

Was hält Amberland zusammen?

Wenn ich jeweils aus Amberland zurückkehre und von meinen Erlebnissen berichte, dann fragen mich meine Freundinnen und Freunde immer wieder, worin denn der Zusammenhalt unter den Amberländerinnen bestehe. Die Vielfalt der Sprachen, der Lebensweisen, der burliks, der Kulturen und Religionen müsse doch zum Zerfall der Gesellschaft führen. Der Mangel an inselweiten Institutionen, der fast inexistente Staat, das Fehlen nationaler Symbole und Identifikationsfiguren könne doch nur zu Chaos und Anarchie im schlimmen Sinne führen. Es exi-

stieren auf Isckar keine öffentlichen Schulen, denn die Erziehung ist Sache der burliks und danach sucht sich jede ihre eigene Meisterin. Die bestehenden traditionellen Akademien sind sehr lockere Gebilde ohne Selektions- und Promotionssystem. Gelernt und gelehrt wird zwar überall, aber nicht nach einem allgemein gültigen Programm. Da die burliks ziemlich autark sind und jede einzelne herum reisen kann, soviel sie will, kann man sich fragen, wie da ein Zusammenhalt zustande kommen soll. Warum gibt es keine völlige Atomisierung in egoistische, kleine Einheiten?

Dafür gibt es mehrere Gründe. Zuerst einmal ist die Insellage und geographische Isolation Amberlands zu erwähnen. Schon das allein hält die vielfältigen burliks zusammen. Dieser Inselegoismus beschränkt und ergänzt zugleich die burliks. Ein weiterer Faktor sind gemeinsame historische Erfahrungen und Kämpfe. Die Amberländerinnen wissen durchaus, wie es auf dem Rest der Welt zu und her geht. Gerade die gemeinsame Verteidigung der möglichen Vielfalt ist ein überburlikisches Motiv. Die Streiks der Jahre 1864/66 sind für alle Isckarerinnen eine wichtige geschichtliche Erfahrung, sozusagen eine gemeinsame Wurzel. Die burliks sind aus Kämpfen entstanden und diese Kämpfe wurden von unzähligen Personen getragen, die heute noch bekannt sind, auf die sich einzelne burliks aber auch alle burliks zusammen beziehen können. Diese gemeinsamen Urgrossmütter und -väter sind wichtige Identifikationsfiguren. Ihre Photos hängen oft in den Esssälen der Ur-burliks und ihrer Tochter-burliks. Es gibt so etwas wie eine «Stammesgeschichte». Natürlich bestehen alle Strömungen wieder auf ihrer eigenen Interpretation der Ereignisse 1864/66 (sogar die Tasikisten!), aber alle berufen sich darauf. Ohne diese Geschichte wäre die Vielfalt der burliks nicht möglich. Sie wären ein zusammenhangsloses Patchwork, ein synthetische Gebilde ohne «Seele».

Von der Geschichte abgesehen wirken auch viele Sitten und Gebräuche als wichtige Stützen des Zusammenhalts. Die dogas werden überall auf der Insel respektiert, bestimmte Umgangsformen werden beachtet, und das Gastrecht wird hochgehalten. Eine gewisse Mässigung könnte *als Inselmentalität bezeichnet werden: alles soll möglich sein, aber nicht alles aufs Mal. Exzesse, Originale, Gewalt, Wahnsinn oder Eigensinn werden nicht ausgegrenzt, sondern als Teil des Lebens anerkannt. Die Freude am Zufall, am Risiko und am Unbedachten gehört zum ambrischen Wesen, wie man z.B. bei den Methoden der Entscheidungsfindung sehen kann. Diese Haltung wird oft als Fatalismus missverstanden. Doch die Amberländerinnnen vertrauen auf ihr Glück, denn sie haben keine andere Wahl.*

Daneben bestehen noch kleine ambrische Gemeinsamkeiten, die von der Besucherin kaum beachtet werden. Dazu gehört z.B. der jährlich erscheinende Landwirtschaftskalender (Agro-Agenda AA). Er wird von einer erfahrenen Equipe von Bäuerinnen und Bauern seit 1867 herausgegeben. Ursprünglich sollte er den noch unerfahrenen ArbeiterInnen helfen, ihre Lebensmittelversorgung aufzubauen. Die wichtigsten landwirtschaftlichen Kenntnisse, Termine und Berechnungen sind darin enthalten. Tag für Tag wird beschrieben, welche Arbeiten fällig sind. Er war das wichtigste burlik-Handbuch und wurde informell zum einzigen Lehrbuch für die iskarischen Kinder. Jedes Kind kennt die Agro-Agenda und kann sie lesen. Im Alter von 15 Jahren bekommen Mädchen und Knaben ihr erstes eigenes Exemplar – so etwas wie ein Initiationsritus, der betont, dass sie nun «dazugehören». Natürlich existieren auch burliks, die ihre eigenen Landwirtschaftsmethoden haben und nicht gemäss AA wirtschaften. Aber auch sie grenzen sich von diesem einen Kalender ab und beziehen sich auf ihn. Sie beeinflussen ihn auch, denn neue Erkenntnisse fliessen jedes Jahr in ihn ein. Schade ist nur, dass die AA auf das Klima Amberlands zugeschnitten ist, denn sonst hätten wir wir eine wertvolle Anleitung für uns selbst.

Weitere Elemente, die Gemeinsamkeit stiften, sind: die Besteigung des Munt Alun, das Brettspiel Mushuk (ein phönizisches Handels- und Betrugsspiel), das Portrait des Königs, die Post, die roten Postvelos, die linkshändige ambrische Ohrfeige (auch von Rechtshändern), kula-Kreisläufe, das Rollo-Langer-Kinderspiel (bei uns Räuber und Gendarm), gewisse Zigarettenmarken (Moment, Lucky Strike, Elbur, Caramel) und das allgegenwärtige Süssholz. ◆

Es gibt in Amberland alle Religionen und noch ein paar mehr. Von phönizischen Baal-Feiern bis zum «Fest der Vernunft» (in Erinnerung an die französische Revolution) gibt es alles. Zen-Klöster, Hindus, heilige Kühe, Schweinefleischverbot, Kreuze, Halbmonde, Mormonen, Anthroposophen, Marxisten, Tolstoianer, Kopten, Arianer, Animisten – alles wirst Du antreffen. Und alle haben ihre Kleidung, ihre Nahrung, ihre Gebote und Verbote. Erkundige Dich! Jeder Fehltritt kann höchst unangenehme Folgen haben.

Wie schon erwähnt gibt es in Amberland kaum so etwas wie «Behörden», vorallem auch keine Polizei (das meiste «Öffentliche» wird von der Post erledigt). Bei Streitigkeiten oder Ärger kannst Du Dich an eine oder einen kadi wenden. An jedem Ort finden sich mehrere, meist erfahrene Personen, mehrheitlich Frauen, die sich auf bestimmte Bereiche spezialisiert haben. Ein einheitliches Recht existiert nicht in Amberland, aber Du wirst kadis finden, die sich vom Code Napoléon, vom schweizerischen Zivilgesetzbuch oder von angloamerikanischen Präzedenzurteilen gerne inspirieren lassen. Die kadis können keine Sanktionen verordnen – sie sind eher Vermittler und Schiedsrichter als Richter. Meist haben sie ihre Detektive (es gibt burliks mit Sherlock-Holmes und Agathe Christie-Anhängern!), die versuchen Fakten zu beschaffen. Der kadi wird Dich zuerst mit der anderen Partei zu einem vertraulichen Schlichtungsversuch einladen. Falls keine Einigung erzielt werden kann, wird eine öffentliche Sitzung einberufen. Die Verhandlung endet entweder mit einem Kompromiss oder mit Empfehlungen des kadi. Der geständige Angeklagte kann seine Strafe selbst vorschlagen. Der Vollzug liegt immer beim eigenen burlik. Entschädigungsleistungen (z.B. für Verletzungen oder Totschlag) sind üblich (straf-fainus). Sie gehen von burlik zu burlik. Gefängnisse gibt es keine.

Die meisten Gerichtsfälle drehen sich um Angelegenheiten der Ehre oder um Grundstücksrechte. Wirtschaftliche Verbrechen kommen fast nicht vor; Gewaltverbrechen haben immer einen gefühlsmässigen oder auf die Ehre bezogenen Hintergrund. Das Amt der kadis geht meist vom Vater auf den Sohn (Mutter/Tochter) oder vom Onkel (Tante) auf den Neffen (Nichte) über. Die kadi-burliks haben das Amt oft schon seit Generationen inne und besitzen grosse juristische Bibliothe-

rechts:
Die Bocksgeister drackuyar von Impat bei Ckar treiben ihr Unwesen.

links:
Der Do-Meister aus Purta in seinem Studio. Seine telekinetischen Fähigkeiten sind legendär.

ken, wissenschaftliche Einrichtungen zur Faktensicherung usw.

Bedroht Dich jemand oder bist Du ein Opfer von Gewalttätigkeiten, kannst Du Dich an Do-burliks oder einen der «Ritterinnenorden» wenden. Sie werden Deinen Fall untersuchen und Dir eine Beschützerin geben. Die Do-burliks und Ritterinnenorden handeln nach ganz strengen Grundsätzen: sie greifen niemals an, töten niemals, treten immer offen auf, kämpfen nur gegen gleich starke oder stärkere Gegnerinnen. Ihre Methoden sind Karate, Stockschläge, Netze, Fäuste, Peitschen. Da sie täglich stundenlang trainieren, sind sie unschlagbare Meisterinnen. Die Ausübung ihrer Kunst ist für sie keine Pflicht, sondern eine Lebensweise, eine Form der Meditation. Wenn Du also ganz auf Nummer sicher gehen willst, versuchst Du in einem Do- oder Ritterinnen-burlik unterzukommen...

5.

Die Wirtschaft

Was wir bei uns Wirtschaft nennen (d.h. den Bereich der Erwerbstätigkeit), existiert in Amberland nur in einem geringen Ausmass. Das System der burliks bedeutet, dass der Lebensunterhalt nicht verdient werden muss, sondern dass das Lebensnotwendige oder -wünschbare direkt erzeugt wird («making a living» statt «earning a living»). Amberland betreibt eine Subsistenz-Wirtschaft auf hoch entwickelter Stufe.

Die kori-Fichten werden zu Eisenbahnschwellen verarbeitet.

Subversion

Im Computer-Keller des «Institute for Economic Studies».

Das totalitäre Wirtschaftssystem Amberlands (es gibt keine Wirtschaft!) hat wie alle Totalitarismen Dissidenz und Opposition erzeugt. Das Zentrum dieser pro-ökonomischen Subversion befindet sich in einem unscheinbaren neoklassizistischen Gebäude an der Avenu Liberasiuni 56 in Morham. Dort geht ein «Institute for Economic Studies» seinen dunklen Machenschaften nach. Obwohl diese Leute versichern, dass sie an der Wirtschaft «nur» ein rein theoretisches Interesse haben, gibt es doch Anhaltspunkte für konkrete ökonomische Aktivitäten. So wird das Institut oft von amerikanischen Jung-Börsenmaklern aufgesucht, die dort Kurse besuchen. Ehemalige Institutsmitglieder sollen auch nach New York, Tokio und Zürich ausgewandert sein, wo sie es innert kurzer Zeit zu Millionenvermögen brachten. Ich habe das Institut dank einer Empfehlung eines marxistischen Freundes aus alten Tagen besuchen können. Er arbeitet dort als Berater für Makro-Ökonomie.

«Wir studieren Wirtschaft wie andere Leute Paläontologie», erklärte mir Didye Forgu, ein Mann Mitte Vierzig mit Bart und gelber Krawatte, «nur ändern sich unsere Fossilien jeden Tag.» Er grinste mit seinen vorstehenden Zäh-

nen und führte mich durch ein Labyrinth von Kellerräumen.

«Unsere underground-economy», sagte er und wies auf lange Reihen von Computern.

In einem andern Raum sah ich junge Männer in Hemdsärmeln an Tischen sitzen und mit mehreren Telephonen zugleich hantieren. Auch hier standen Computer in Hülle und Fülle.

«Wer hat das alles bezahlt?» fragte ich erstaunt.

«Spenden von antikommunistischen Millionären aus Texas und einige Petrodollars aus Libyen», erwiderte Didye mit wegwerfender Gebärde, «dafür liefern wir Gratistips.»

«Eine seltsame Mischung.»

«Ein Beweis für die Theorie, dass gemeinsame Interessen divergierende Ideologien überwinden. Das Sein bestimmt das Sein, manchmal auch noch das Bewusstsein.»

«Fast Marx», warf ich ein.

«Mehr als Marx», insistierte Didye, «wir haben seine idealistischen Flausen herausgefiltert und ganz brauchbare Inspirationen gewonnen.»

Wir kamen in einen nüchtern ausgestatteten Schulungsraum, wo einige junge Frauen und Männer ihre Notizen zusammenpackten. Sie sahen alle sehr frisch und aufgeweckt aus. Als sie draussen waren, setzten wir uns an den runden Tisch. Didye sagte:

«Kursbesucher aus den USA, Südkorea, Deutschland, der Schweiz und Italien. Die zukünftige Finanzelite. Doch das ist nur eine unserer Nebenaktivitäten. Wir sind wie gesagt ein Forschungsinstitut. Wir analysieren die weltweiten Kapitalbewegungen. Hie und da machen wir kleine Testspielchen, wie z.B. den Crash von 1987. Als wir sahen, dass die US-Löhne zu sinken aufhörten und die Arbeitslosigkeit besorgniserregend abnahm, da genügte ein kleiner Schubs.»

«Dazu braucht es aber eigenes Kapital.»

«Spielgeld. Sicher. Wir haben einige Milliarden Dollars dafür zur Verfügung. Damit gewinnen unsere Kurse an Realitätsbezug.»

«Das heisst, ihr habt echte Dollars?»

«Echt in Deinem Sinn. Für uns selbst spielt ja Geld keine Rolle. Das ist eine wichtige Voraussetzung für eine effi-

ziente, wertfreie ökonomische Forschungstätigkeit. Das gibt Übersicht.»

«Aber da könntet ihr ja der Devisenkommission leicht aushelfen», schlug ich vor.

Er schüttelte seinen Bart.

«Damit wollen die nichts zu tun haben. Ist für sie auch nicht so wichtig, denn es kommt dort mehr auf kulturelle Effekte als auf ökonomische an. Zuviel Geld würde alles kaputt machen. Zudem sind wir offiziell in der Opposition. Natürlich tun wir nebenbei noch vieles, das Amberland nützt. Wir halten das Weltkapital von der Insel fern. Wir dämpfen auch etwaige Interventionsgelüste gewisser Regimes. Wir schiessen hier und dort ein paar Millionen zu...»

«Das bringt mich auf eine Idee: würdet ihr mir z.B. 6 Millionen Franken geben, wenn ich sie zuhause brauchen kann?»

«Kein Problem. Anruf genügt. Und Konto angeben.»

Ich wurde nachdenklich, verlangte aber zur Sicherheit die Nummer des Instituts.

«Und all die Kursteilnehmer», fuhr ich fort, «wissen die von Euren Spielchen?»

«Aber sicher, das ist ja der Witz. Sie wollen zuhause weiter spielen können. Und sie wollen gewinnen. Da sie schon genug Geld auf der Seite haben, sind ihre Ziele trans-ökonomisch.»

«Da seid ihr ja eine weltweite Subversionszentrale.»

«Naja. Ich sehe das nicht so dramatisch. Du kannst auch nur subvertieren, was subvertierbar ist. Und diese Faktoren haben wir nicht in der Hand.»

«Schon wieder Marx.»

«Richtig. Letztlich wird das System nicht an der Börse geknackt. Aber es ist beruhigend zu wissen, dass es auch dort gewitzte Leute gibt, Paläontologen, die ihre Schichten kennen.»

«Und die Insider-Tips austauschen», ergänzte ich.

Er schmunzelte.

«Sicher. Unsere Absolventen sind immer sehr erfolgreich. Sie geben sich gegenseitig ihre Telephonnummern, haben aber auch eine Mailbox hier im Institut. Da wir hier keine Banken haben, herrscht das absolute Bankgeheimnis.»

«Und woran erkennen sich Eure ehemaligen Schülerinnen?»

«Gefährliche Frage,. aber mit etwas guter Beobachtung durchaus zu beantworten. Ende der Märchenstunde.»

Didye Forgu hatte einen dringenden Termin und begleitete mich an die Oberfläche zurück. In einer Konditorei gegenüber dachte ich bei einem Japonnaise und Tee über die vergangene halbe Stunde nach. Die Existenz des Instituts erschien mir logisch und unvermeidlich. Den Rest behalte ich für mich. ◆

Für den «wirtschaftlichen Bereich», d.h. die Produktion ausserhalb der burliks, wird nur etwa ein Fünftel bis ein Zehntel aller möglichen Arbeitsstunden aufgewendet (bei uns ist es die Hälfte). Die burliks können ja nicht selbst Stahl, Zement, Medikamente, Lastwagen, Strassen, Glas usw. herstellen oder es wäre sehr aufwendig und arbeitsintensiv. Daher bestehen auch in Amberland Fabriken – meist klein bis mittelgross, sauber und ohne Hektik. Sie werden von burlik-Verbänden, auf Bezirksebene und einige wenige auf Inselebene betrieben. Die Arbeiter werden durch asosiasiuns organisiert und von ihren eigenen burliks unterhalten. Sie erhalten und brauchen also auch keinen Lohn. Die produzierten Güter werden unter den beteiligten burliks je nach Bedarf verteilt.

Amberland produziert fast alles selbst, was es braucht. Es betrachtet das als einen Teil seiner Unabhängigkeit und als «Ehrensache». Die Produkte sehen für uns manchmal sehr altmodisch oder sonst seltsam aus. Sie sind aber meist solid und praktisch. Was sich schon früher bewährt hat, wird nicht unnötig erneuert. Vielfach liefern die Fabriken nur Grundprodukte, die in den burliks zu Endprodukten verarbeitet werden. Überall wird gebastelt und gewerkelt.

Einiges muss aber trotzdem importiert werden, z.B. Erdöl, gewisse Metalle, Spezialapparate, Medikamente, Chemikalien. Zu diesem Zweck muss Amberland auch exportieren. Wo immer möglich, versucht man fainus (Tauschverträge) zu arrangieren. So liefert Amberland Solar-Kühlschränke, Wasseraufbereitungsanlagen, einfache, robuste Elektromotoren nach Nigeria und bezieht dafür Erdöl. Auch Fischkonserven, Brandy, Whiskey, Rindfleischkonserven, Glaswaren usw. ge-

Eine der fünf Benzinzapfstellen auf Amberland steht vor dem Hauptsitz der Ambrischen Automobilassoziation in Morham.

langen auf den Weltmarkt. Amberlands Spezialität ist aber die «angepasste Technologie»: zusammensetzbare Methangasanlagen, Bausätze für einfache Pumpen, unverwüstliche Stahlwerkzeuge, Telephonausrüstungen usw. werden schon in viele Erdteile geliefert, meist im Tausch gegen lokale Überschussprodukte.

Inzwischen laufen die Anstrengungen weiter, auf alle Importe verzichten zu können. So werden im Süden Züge mit Wasserstoffmotoren angetrieben, wobei der Wasserstoff mit photovoltaischen Zellen gewonnen wird (in der Wüste fehlt es nicht an Sonne). Im Gebirge fahren Busse mit Holzvergaser. Im Norden wird die Windenergie genutzt und in den Bergtälern und im Larskura/Lugdan werden kleine Flusskraftwerke betrieben.

Neben dem «offiziellen» Export/Import, der von der «Devisenkommission» der Inselversammlung organisiert wird, werden auch Tausende von burlik-Tauschabkommen mit Dörfern und Gemeinschaften in aller Welt abgeschlossen. Meist geht es dabei um kleine Mengen und Spezialitäten. So wirst Du in einem burlik fast alles finden: Käse aus Frankreich, Gewürze aus Asien, Schmuck aus Indien, Kaviar aus Russland, Lachs aus Norwegen, Schokolade aus der Schweiz, Kleider aus Paris usw.

Die Amberländer sind stolz darauf, dass ihre «Wirtschaft» von Jahr zu Jahr weiter schrumpft. Das Bruttosozialprodukt pro Kopf ist inzwischen gemäss Schätzungen der besorgten OECD auf das Niveau eines «in der Entwicklung begriffenen Landes» abgesunken. Amberland ist das ärmste Land der industrialisierten Welt. Ob es den Leuten dabei gut oder schlecht geht, musst Du auf Deiner Reise selbst beurteilen.

Aus dem Bericht der OECD*

BSP 1987	*4.32 Milliarden $*
BSP pro Kopf	*1350*
*Arbeitslosigkeit***	*76%*
Inflation	*0*
Energieverbrauch pro Kopf	*750 OeE (Schweiz: 3800)*
Wachstum	*–4.5%*
Personen pro Auto	*53*
Ferien	*32 Wochen*
Kalorien pro Kopf	*2540*
*Personen pro Arzt****	*200*
Zementverbrauch pro Kopf	*110 kg (Schweiz: 750 kg)*
Staatsausgaben+	*1.2 Millarden $*

** Die zuständige Abteilung der Organisation weist daraufhin, dass sie mangels offizieller Zahlen auf eigene Schätzungen angewiesen ist.*

*** Gemäss OECD eines der Hauptprobleme Amberlands.*

**** Es wurden nicht-akademische Praktiker mitgerechnet.*

+ Hauptsächlich für Importe.

6. Ambrische Spezialitäten

Amberland kennt kein Nationalgericht wie etwa Spaghetti in Italien, Rösti in der Schweiz, Gulasch in Ungarn oder Paella in Spanien. Allerdings ist klar, dass auf der Insel Amberland fast überall Fisch gegessen wird. Wein und (Weizen-)Brot wurde durch die Römer eingeführt. Ansonsten kamen kulinarische Anstösse aus allen Himmelsrichtungen.

Jedes burlik und jede Ortschaft kennt ihre Spezialität (es gibt 8'000 burliks!). Wenn Du jeden Tag eine probierst, bist Du 24 Jahre lang beschäftigt! Ich will hier also nur einige wenige aufzählen, die Du auf jeden Fall nicht verpassen solltest:

Grondal: Malzwhiskey
Yambur: überbackene Austernsuppe
Morham: Aalpastete
Obra: Schweinswürste
Talsum: Fischwurst
Albo: Alpkäse von 103 Alpen
Ckar: Pilzpastete
Mugura: Leguankuskus (eine Rarität)
Iso: Nusskuchen
Vilya: Sole Vilya-Art
Laduga: Langustensoufflée (und tausend weitere Soufflées)
Bani: Schafstopf
Menzuri: Maldos (ein Süsswein)
Dalvik: Heringsalat
und so weiter.

Als Mitbringsel eignen sich Halva aus Alsuk, Trockenwürste aus Balckar, Aprikosenpudding aus Ambar, Sardinen, Wein, Konfekt aus Morham oder Bonbons aus Laduga. Es bleibt Dir nichts anderes übrig, als Dir diese Dinge schenken zu lassen! Du musst aber wissen, dass sie meistens nur zu gewissen Jahreszeiten oder gar nur an bestimmten Tagen erhältlich sind.

So werden die famu-Weggen gemacht:

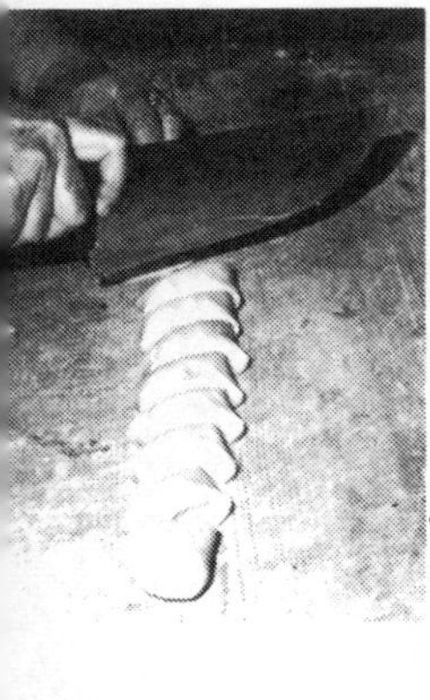

Bewohner des burlik Amezu in Iso kneten den Teig vier Stunden pro Laib für ihr famoses famu-Brot.

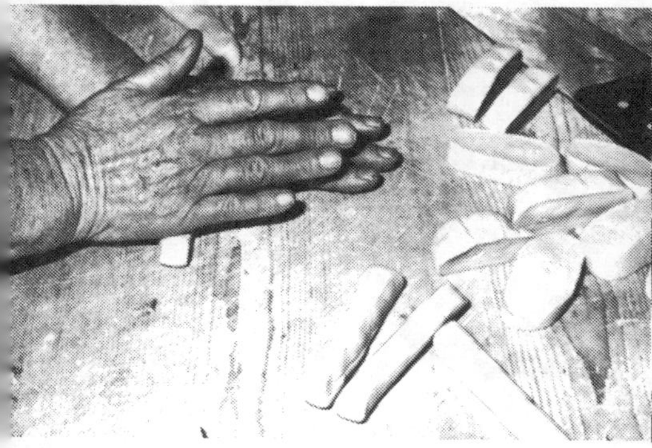

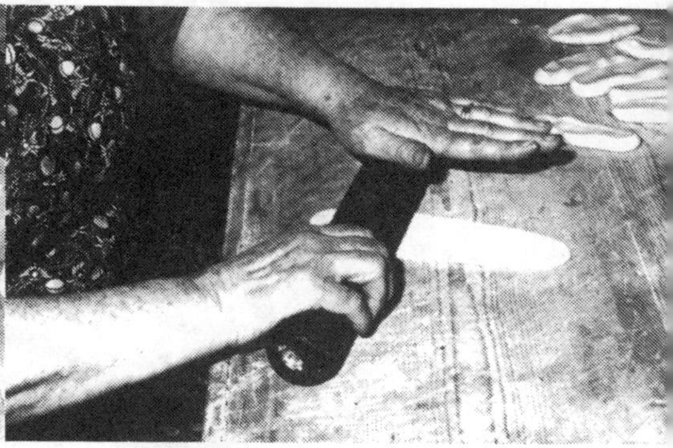

7.
Die Sprachen

Auf Isckar werden mehrere Dutzend Sprachen gesprochen, viele davon in einigen Dialekten. Jede Isckarerin beherrscht in der Regel zwei oder drei einheimische Sprachen und eine internationale Fremdsprache. Mit englisch im Südwesten und Norden und mit französisch oder spanisch im Südosten kommt die Reisende im allgemeinen gut durch.

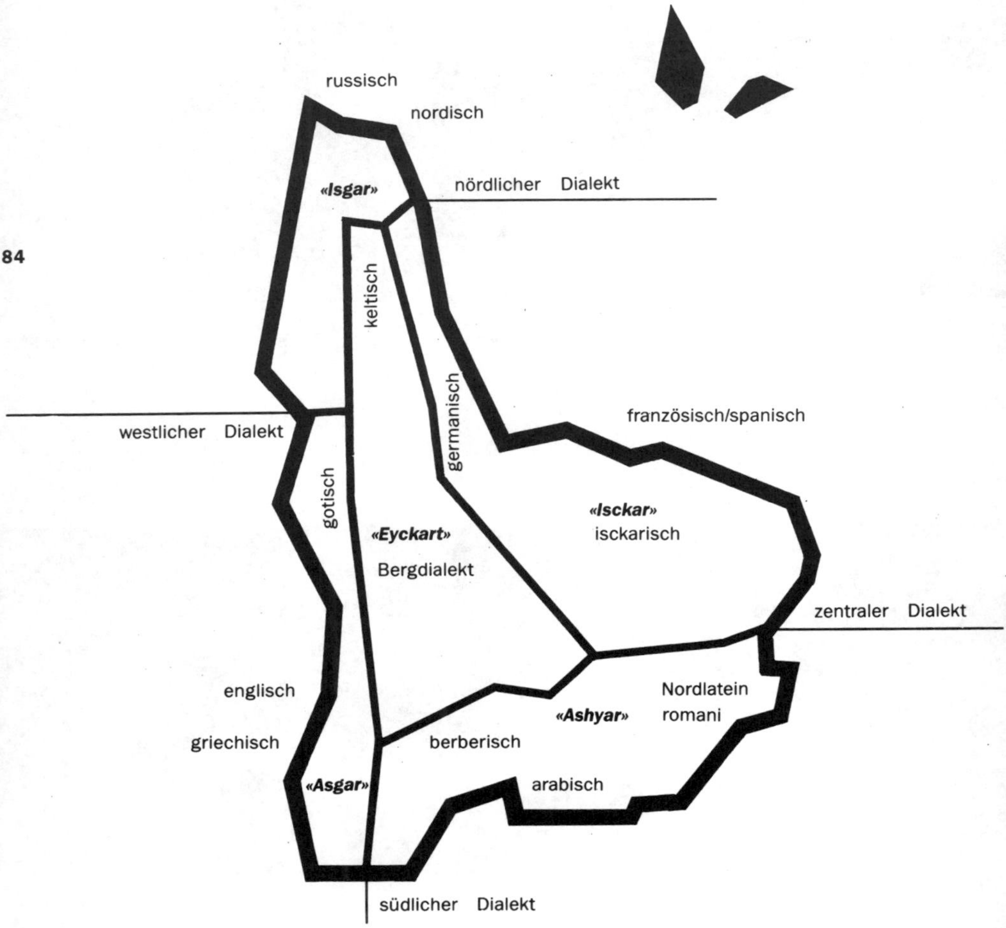

Jede geschichtliche Phase hat in Amberland eine Sprache oder wenigstens Teile davon hinterlassen. Da die Einwanderer und Flüchtlinge nie gezwungen wurden, ihre Muttersprache aufzugeben, lebten diese Sprachen weiter. Ganze Regionen und Gemeinschaften sprechen daher keltisch, berberisch, arabisch, gothisch, germanisch, griechisch, nordlateinisch, russisch, englisch, japanisch usw.

Daneben hat sich isckarisch als eine Art Pidgin- oder Handelssprache schon sehr früh (zur Zeit der Phönizier) entwickelt und laufend verändert. Schliesslich kam es zu einer Aufsplitterung in fünf Dialekte.

Auch heute existiert noch kein allgemein verbindliches Isckarisch, doch wird der Dialekt der Gegend zwischen Obra und Ckoroli von allen verstanden. Eine Art offizielles Isckarisch hatte seinen Ursprung in den königlichen Kanzleien in Obra und Ckoroli und wurde nach der Einführung der allgemeinen Schulpflicht im 19.Jahrhundert weiter verbreitet. Je nach Region weist der Wortschatz germanische, arabische oder griechisch-lateinische Einflüsse auf:

nördlich	zentral	südlich	
fis	fes	besh	Fisch
fos	for	kastra	Festung
bur	bur	bul	Stadt
pir	fer	tal	Berg
is	ey	ash	Insel
vik	ham	ble	Dorf
ya	cka	si	ja
ney	do	no	nein
se	za	mer	Meer
mor	mor	lak	See
gar	ckar(t)	yar	bewohnter Ort

Die iscarische Sprache ist phonetisch relativ einfach aufgebaut. Folgende Laute kommen vor: a, e, i, o, u, b, d, f, g, h, k, l, m, n, p, r, s, sh, t, v, y, z und ck. Der «ck»-Laut ist für Nichtisckarerinnen sehr schwer auszusprechen. Er tönt ähnlich wie das «chk» im deutschen Wort «Flachkopf». Y entspricht dem j, sh ist gleich wie sch und das z liegt zwischen einem stimmhaften s und dem englisch/griechischen th.

Die Grammatik ist sehr kompliziert, was allein schon die regelmässigen Formen betrifft. Die unzähligen Ausnahmen,

Varianten und Doppelformen (Höflichkeitsformen) machen die isckarische Sprache sehr schwer erlernbar. Vieles erinnert an das Türkische, etwa die langen Endungen und die Nachstellung der Artikel, Adjektive und Adverbien u.ä. Beispielsweise besteht das Wort «burlik» aus «bur», Stadt, und «lik», klein.

burlikim	=	mein burlik
burlikim-e	=	in meinem burlik
burlikiz	=	dein burlik
burlikin	=	sein burlik
burlikimu	=	unser burlik

und so weiter.

Es gibt sechs Fälle. Manchmal wird das Stammwort durch die Endung verändert, vor allem in der höflichen Rede: aus «garim» wird «gerim». Auch die Konjugation funktioniert mit vollen Endungen über vier Zeiten, drei Aspekte und drei Modi. Dazu kommen noch sechs Partizipien.

Natürlich wäre es möglich gewesen und wurde auch unter Ana I., Solgo und Tasik versucht, das Isckarische zu vereinfachen und den Ausländern leichter zugänglich zu machen, aber irgendwie hängen die Isckarerinnen an der Komplexität ihrer Sprache, die eine wirksame Barriere gegen Bürokratie und äussere Einmischung darstellt. So kommt es, dass Isckarisch eine Art Geheimsprache bleibt, weil sozusagen niemand ausserhalb der Insel diese Sprache lernen will. Trotzdem wäre es von Vorteil, wenn Du auf Deiner Reise versuchen würdest, einige Brocken isckarisch aufzuschnappen. Die Isckarer bringen Dir gerne ein paar Wendungen bei. Du kannst Dir auch Sprachlehrer durch die isckarische Sprachgesellschaft (Asosiasiun Glutyok Isckarnek) vermitteln lassen (Telephon 555).

Etwas «Ambrologie»

Die Erklärungen für den Namen «Amberland» (englisch: Amberland, französich: l'Ambrie, italienisch: Ambria) schwanken zwischen Geschäft und Mythologie. (Vielleicht ist «Amberland» so etwas wie ein «mythologisches Geschäft».)

Seit alters waren die graue und die gelbe Ambra wichtige Handelsgüter der Insel. Bei der grauen Ambra handelt es sich um eine poröse Sekretion des in isckarischen Gewässern beheimateten Pottwals, die zur Parfümherstellung verwendet wird. Die gelbe Ambra ist als Bernstein besser bekannt. Dieses versteinerte Baumharz kommt nur auf Isckar und im Baltikum vor. Der Handel mit Bernstein hat die Insel schon in Zeiten vor den Phöniziern bekannt gemacht. Bernstein (Brennstein oder Bärenstein?) heisst auf griechisch «elektron», von welchem unser Wort «Elektrizität» abgeleitet ist. Wenn Bernstein an Fellen, beispielsweise eben an Bärenfellen, gerieben wird, kommt es zu knisternden statischen Entladungen und kleinen Blitzen. Diesem «magischen» Effekt und auch den seltsamen Einschlüssen (vgl. die berühmte Biene im Museum von Yambur) verdankt der Bernstein seine Faszination. Das Wort «Ambra» kommt vom arabischen «al-anbar» – die Araber waren sowohl an der grauen Ambra zur Duftstoffgewinnung wie auch an der gelben Ambra für die Schmuckherstellung interessiert. Das Ambra-Land weit im Westen, ein magisches Reich der Blitze, der Wohlgerüche und der mysteriösen Rituale, kommt in vielen orientalischen Märchen vor.

Andere etymologische Erklärungen gehen von zwei Wurzeln aus: «am» und «ber». «Am» wäre verwandt mit «Imme», «Biene» (vgl. Imker, Ameise) und «ber» mit «Bärin». Amberland wäre demnach das Bienen-Bärinnen-Land. Das alte normannische Reichssiegel zeigt in der Tat eine Bärin und eine Biene. Der berühmte «Bären»-stein mit der eingeschlossenen Biene zierte lange die normannische Königskrone. Das eigentliche indogermanische Wort für Bärin ist nun aber «arsha», wovon das keltische Wort «artos» und der Name des legendären Königs Artus abgeleitet ist. Auch das griechische «arktos» (vgl. Arktis, das «Bärenland») und das lateinische «ursus» und die Namen «Urs» und «Ursula» haben denselben Stamm. Diese Wurzel ist bei vielen indogermanischen Stämmen tabu – oder doga – , weil «arsha» zugleich für «amba» steht, die Urmutter, die schwarze Bärin, die Göttin Kali, die alles gebiert und alles verschlingt. So steht für die verbotene Wurzel die Silbe «ber», die nur «dunkel» und «braun» bedeutet. Sowohl Biene wie Bärin sind uralte Mutter- und Fruchtbarkeitssymbole. Amberland wäre also «amba»-Land, das Mutter-Land, was auch zum arabischen «umm» (Mutter) oder «umma» (Volk) passen würde. Ein Mythos besagt zudem, dass die Ambrerinnen sich ursprünglich von Bienenhonig und Bärenmilch ernährt haben (vgl. Ambrosia). Ihr Kult drehte sich um die Sonne (der grosse Bernstein, weibliches Symbol, verbunden mit Blüten und Bienen), den Mond (weibliche Spiritualität, Honig, Bärenzeit) und das Sternbild der grossen Bärin (auch grosser Wagen ins Jenseits genannt, Symbol weiblicher Macht). Menhire bei Naum bilden dieses Sternbild proportional genau ab. Die Steine selber sind natürlich Phallussymbole.

Die Bezeichnung «Isckar» ist viel nüchterneren Ursprungs. Erkennbar ist eine phönizisch-orientalische Wurzel «kart» (Heim, bewohnter Ort; vgl. lat. hort-us, dtsch. Gart-en usw.) und ein indogermanisches Element «is» (Insel, vgl. Is-land, Eiland). Eine mehr geschäftsmässige Erklärung ist auch für «Amberland» möglich: «ambar» heisst auf arabisch «Magazin, Laden, Depot». Da die ambrische Bienen-Bären-Kali-Mythologie zuletzt von den Tasikisten aufgewärmt worden war, ziehen heute die Isckarerinnen die funktionelle Bezeichnung «Isckar» vor. «Amberland» überlassen sie gerne den ausländischen Schwarmgeistern...

8.

Die Literaturen

Jede Sprache auf Isckar hat ihre eigene Literatur. Viele burliks haben ein eigenes literarisches Leben. Dazu kommt eine sozusagen offizielle iscкarische Literatur, die in eine klassische und eine moderne Periode gegliedert werden kann.

Die ältesten schriftlichen Zeugnisse sind wahrscheinlich die 12'000 Tontafeln von Dazi, die aber bisher jedem Entzifferungsversuch standgehalten haben. Man rückt ihnen jetzt mit Computern zu Leibe – bisher ohne Erfolg. Daneben existieren noch sehr alte iscкarische Texte in phönizischem Alphabet. Es handelt sich um Inventarlisten und Kaufverträge – nichts Erhebendes ist darunter.

Der eigentliche literarische Reichtum Isckars liegt ohnehin nicht in schriftlicher Form vor. Die mündlichen Traditionen reichen viel weiter zurück als die schriftlichen. Vorallem in den keltischen und berberischen Gebirgsdörfern, aber auch in verwandten Stadtburliks, leben zahlreiche Barden, die Epen mit zehntausend Versen improvisieren können. Diese Epen werden in schwer verständlichen archaischen Dialekten, eigentlichen oralen Literatursprachen vorgetragen. In anderen burliks finden wir Märchenerzählerinnen, die ihr Publikum in täglichen Fortsetzungen von jeweils zwei bis drei Stunden über Monate hiweg in ihren Bann ziehen können. Diese Geschichten enthalten Elemente aus der altmesopotamischen Mythologie (Gilgamesch) und sind von orientalischen Märchen beeinflusst. Auch unter den «Wanderern» finden sich Balladensängerinnen und -sänger, Geschichterzählerinnen und -erzähler, und Liederdichterinnen und -dichter. Wandernde Schauspieltruppen geben alte Schwänke und mythische Spiele zum besten. Hier sind die afrikanischen Einflüsse besonders erwähnenswert. Alte Volkslieder und neue Produkte, die aus der Verschmelzung verschiedener kultureller Einflüsse entstehen, sind überall anzutreffen. Die burliks haben sich als ideale Einrichtung erwiesen, um die mündliche Traditionen zu pflegen und gleichzeitig immer wieder umzuformen. Oft sind diese Traditionen Teil der besonderen Identität und des Stolzes der burliks und können in

oben:
Die Anfänge ambrischer Literatur sind nach wie vor nicht entziffert. Dieses Relief-Fresko aus Dazi soll neueren Hypothesen zufolge Heilpraktiken beschreiben (ca. 2500 v.Chr.).

unten:
Der Schreibtisch des anonymen Meisters der transrealen Hermetik (1988). Er und seine Dichtung entziehen sich allen Kriterien der Verständlichkeit.

Extremfällen in isolationistische Strömungen ausmünden, wie beispielsweise die der «transrealen Hermetiker», die ihre literarischen Schöpfungen aus Absicht so gestalten, dass sie nur noch von den Genossen und Genossinnen ihres eigenen burliks verstanden werden können. Die «transrealen Hermetiker» schaffen gewissermassen eine intime «Haushalt-Lyrik», die keinen Anspruch auf allgemein gesellschaftliche Kommunizierbarkeit erhebt.

Die offizielle Literaturgeschichte Isckars beginnt mit Metadors Abhandlung «Über das Wesen der Natur», verfasst im Jahre 158 v.Chr. Metador war ein Kaufmannssohn aus Tablash (damals Tripolis), der seine Mussestunden der Naturbeobachtung widmete. Er kam zum Schluss, dass alle Materie auf der Verbindung und Verdichtung ätherischer Öle beruht (sein Vater handelte mit Parfums). Von Apostratos aus Nabul, dem heutigen Neapolis(70 v.Chr.) sind einige Tragödien erhalten, von Pipisthenes aus Shandri (Alexandria,um 5o v.Chr.) sind Komödien überliefert. Nach und gleichzeitig mit der griechischen entwickelte sich auf Isckar eine bescheidene lateinische Literatur. Erwähnt seien hier die Oden von Ämilius Nervo und Caius Semilius und die «Deliberationes ambulatoris desolati» von Septimus Camelius von Shesti (Castra Sixta) aus dem dritten Jahrhundert. Diese «Überlegungen eines einsamen Spaziergängers» enthalten die immer noch aktuellen Selbstgespäche eines kritischen Beobachters seiner Zeit, die von hektischem Treiben und Geschäften und Identitätsverlust geprägt war. Parallel zum Zerfall der römischen Herrschaft entwickelte sich die lateinische Literatur in Richtung derb-volkstümlicher Romane, die in rumainu (Nordlateinisch) verfasst wurden. Räuber- und Banditengeschichten dominieren.

Die Wikinger brachten altnordische Sagen auf die Insel. Eine Version der Edda, die noch älter ist als die isländische, ist erhalten und zirkuliert in einzelnen Abschriften. Die Kontakte zur isländischen Literaturszene sind auch heute noch sehr eng.

Einen hohen Stand erreichte auf Isckar die arabische Literatur. Benassir al-Marhabi (aus Morham) vertrat Theorien, die die moderne Quantenmechanik vorwegnehmen (1181). Die Liebesgedichte Alsums (Ali-Ibn-Ghazi-Hadji-Ben-Kusum, 1245) gehören zur Weltliteratur. Die Reiseberichte von Yusuf

Kummu aus Galbul (1312) geben heute noch Rätsel auf: handelt es sich bei den «federgeschmückten Transatlantikern» um Indianer? Ist der Verfasser mehr als hundert Jahre vor Kolumbus selbst in Amerika gewesen oder hatte er seine Informationen aus zweiter Hand? Wenn ja – von wem? Aus der Tatsache, dass die Akademien von Timbuktu in Afrika und Morham einen intensiven Austausch pflegten, ergibt sich die Möglichkeit, dass Kummu sein Wissen über Amerika aus Afrika bezog.

Der wichtigste Beitrag aus dem Bereich der sächsisch-germanischen Literatur ist zweifelsohne Marckus Berbarts «Jorns Reisen» (Obra, 1421). Dieses Werk ist zu einem eigentlichen Volksbuch geworden und ist auch heute noch jedem Isckarer, gleich welcher Sprache, geläufig. Es enthält eine Sammlung von Geschichten, Schwänken und Anekdoten, die sich um die Person von Jorn, halb Hofnarr, halb Sozialrebell, ranken. Bezüge zu Till Eulenspiegel und Robin Hood sind unübersehbar. Auch Hexengeschichten und Hinweise auf geheimnisvolle Drogen sowie nützliche Verstecke fehlen nicht. Ein grosser Teil der isckarischen Volksweisheit ist in «Jorns Reisen» enthalten. Das Buch wurde oft verboten, zensiert oder verfälscht, konnte aber nie ganz unterdrückt werden.

Marckus Berbart, Verfasser von Jorns Reisen, musste für die Zwangsrasur in Ketten gelegt werden.

Arabische Formen und christliche Inhalte verbinden sich im Südosten Ende des zwölften Jahrhunderts zu einer reichhaltigen Troubadourlyrik. Am bekanntesten sind: Vilim du Sauvo, Yen da Fa, Crist Losil, Marya Belagu.

Die oben erwähnten Elemente der iscarischen Literatur entwickelten sich im Lauf der Jahrhunderte weiter, kombinierten sich neu und wurden in die verschiedenen Sprachen übertragen. Trotz seiner Insellage bestand immer grosse Offenheit gegenüber Einflüssen von aussen. In einem gewissen Sinn war Isckar der einzige Ort, wo Weltliteratur stattfinden konnte.

Unter Ana I. wurde dieser Reichtum als verwirrend empfunden. Nach französischem Vorbild sollte die isckarische Literaturgeschichte endlich in einer nationalen Klassik kulminieren. Ana I. schickte dazu um 1720 einige Dutzend sorgfältig ausgewählte junge Literaten nach Paris, die dort literarische Studien betreiben sollten, um dann auf Isckar eine klassische Epoche zu begründen. Dieser Plan führte zu merkwürdigen Resultaten. Um 1750 kann tatsächlich eine «kleine isckarische Klassik» konstatiert werden, die aus den peinlichen Dramen von Semo Durgis, den albernen «Betrachtungen und Bemerkungen» von Charles Morbo (1754) und den abgeschmackten Romanen von Kirmin Delhart («Der Baron von Kolvik», 1762) besteht. Im Bemühen, aus der isckarischen Sprach- und Dialektvielfalt eine elegante Hochsprache nach französischen Vorbild zu schaffen, beschäftigten sich die «Pariser Literaten» mit grammatischen und linguistischen Experimenten, ohne sich um die inhaltliche Seite ihrer Werke zu kümmern. Im Ganzen gesehen hinterliess Ana I. Klassik-Projekt einen Wust gestelzter Formalismen und entwickelte sich zum Bumerang. Allerdings gibt es Stimmen, die behaupten, dass genau das ihre Absicht war. Kalo Bernani entdeckte Rousseau und Voltaire und veröffentlichte eine Schrift mit dem Titel «Vom Sinn des Staates» (1777), wo er einen zersetzend ironischen Ton anschlägt. Bernani musste schliesslich nach England fliehen und konnte erst in der Zeit Napoleons zurückkehren. Andere «Klassiker» entpuppten sich als Nachahmer de Sades und verursachten in den kleinen Landschlösschen zwischen Ckoroli und Morham etwelche Skandale. Andere blieben in Frankreich und beteiligten sich an der französischen Revolution. Ihnen wird die Fürsprache zugeschrieben, die Ana II. damals vor der Guillotine rettete.

In einer Art romantischer Wallung entdeckten die missratenen «Klassiker» zu Beginn des 19. Jahrhunderts die mündlichen Volkstraditionen, gaben «Jorns Reisen» neu heraus und sammelten Märchen und Epen. Vasku Salver, Domiz Senvermei und Xak Auban machten sich um die schriftliche Erfassung der oralen Traditionen verdient. Auban nutzte die Volksliteratur auch als Quelle der Inspiration für eigene Romane («Rugvik», 1833). Gegen die schriftliche Fixierung mündlicher Traditionen durch die volksfreundlichen Literaten regte sich bald ein erheblicher Widerstand. Sogenannte «Bücherfeinde» überfielen in Guerilla-Manier die Schreibkabinette und Bibliotheken und vernichteten hunderte von «unersetzlichen» Aufzeichnungen. Barden, Wanderer, Märchenerzähler und Epensänger beteiligten sich an dieser Bewegung, der sich auch einige Intellektuelle anschlossen, die wiederum sogenannte «Gedächtnis-Zirkel» gründeten mit dem Ziel, die Kunst des freien, improvisierten Vortrags zu pflegen.

Das Erstarken des Bürgertums brachte wie auf der ganzen Welt auch auf Isckar den sentimentalen Erziehungsroman hervor: «Miro» von Dominik al-Derso (1853), «Ambermond» von Fredik Lun (1862), «Sora McNeil» von Marku Sontas (1872). Neben diesen Schinken aus gutbürgerlichem Milieu, jeder mindestens 800 Seiten dick, entstanden aber auch Volksromane aus Arbeiterkreisen. Mikail Semyonofs «Silber» (1887) berichtet von den grossen Streiks von 1864 und zeichnet zugleich den Werdegang einer Bergarbeiterfamilie von den Phöniziern bis zur Industrialisierung nach. In der Art eines veritablen Schlüsselromans (und in der Tradition von «Jorns Reisen») ist der ganze Albo-Plan darin enthalten, so dass die isckarischen Arbeiter ihn als geheimes «Partei-Programm» lesen konnten. Es ist zu hoffen, dass «Silber» endlich auf deutsch übersetzt wird.

Die wichtigste iscakarische Theaterstadt ist Laduga. Schon im 16. Jahrhundert wurden dort vom italienischen Renaissance-Theater inspirierte Stücke aufgeführt (Gogrini, Solti, Kolam). Heute werden vorallem surrealistische, hermetische und neoarchaische Stücke gespielt. Die typisch ladugische Variante der Commedia dell'arte lebt jedoch weiter. Das 20. Jahrhundert bringt eine stärkere Präsenz der Frauen in der veröffentlichten Literatur mit sich. Ihr Anteil an der mündlichen Literatur lässt sich kaum abschätzen. Experimentelle Romane, die von Autorinnen verfasst worden sind: Netra Vilks «Akt I» (1925), Sira Almondis' «Nord» (1932), Valya Siskis «Gegenlicht» (1943), Bernya Sustais «Der Muscheltanz» (1964). Eine berühmte Kriminalautorin ist Fatmi Olifira, eine kadi aus Shesti («Katakombenmord», 1976).

Die offizielle Literaturgeschichte ist allerdings nur eine sehr magere Quelle der Information über das tatsächliche literarische Leben Isckars. Dieses kann nur zum Teil an Dichterpersönlichkeiten festgemacht werden, denn jede Isckarerin und jeder Isckarer betrachtet sich als literaturschaffend. Millionen handgeschriebener Bücher oder Hefte zirkulieren im ganzen Land, werden abgeschrieben oder vorgelesen. Die Vervielfältigung durch die Druckerpresse wird – mit Ausnahme der «Russen» in Yambur – mit Misstrauen betrachtet und gemieden. Gedruckte Bücher werden auf Grund ihres Vergesellschaftungsanspruchs als arrogante Machtpose gegenüber den Leserinnen aufgefasst. Daneben scheut man auch die mit dem Drucken von Büchern verbundene Arbeit und den Papierverschleiss.

Sorgfältig geschriebene Manuskripte zirkulieren im Austausch gegen Miniaturen oder Keramikgegenstände kreisförmig wie im melanesischen kula-System, das Malinowski beschrieben hat. Gegenwärtig bewegen sich die Bücher im Uhrzeigersinn d.h. von Yambur über Ambar nach Laduga, die Kunstobjekte im Gegenuhrzeigersinn. Versuche also nicht, mit einem Aquarellgeschenk von Talsum kommend Dich in Dalvik ins Kula einzureihen! Wie bei den Südseeinsulanern ist mit jedem Austausch eine Zu- oder Abnahme des Ansehens des Empfängers verbunden. Die erhaltenen und weiterzugebenden Bücher und Objekte werden deshalb oft in Glasvitrinen, auf dem Kaminsims, auf speziellen «Altären» im besten Zimmer aufbewahrt. Wer sie als Gast einfach so zur Hand nimmt oder umgekehrt ihnen keine Beachtung schenkt, macht sich einer schweren Beleidigung schuldig. Das kann physische Folgen haben. Der Bücherkreislauf führt dazu, dass die wichtigsten Werke nicht in Bibliotheken zu finden sind. Literarische Gesellschaften (Tel. 555) können Dir allenfalls Auskunft über den aktuellen Standort eines gesuchten Bandes geben.

Diese diffuse, kapillare «Samisdat»-Literatur verbindet Einzelpersonen und Vorlesezirkel, sowie burliks quer durch alle Bezirke und über alle Sprachgrenzen hinweg. Dutzende literarische Gesellschaften der verschiedensten Richtungen organisieren Treffen, stellen neue Dichterinnen und Werke vor, sorgen für die Pflege und Abschrift seltener Handschriften und unterhalten sogar Bibliotheken. Dabei wird säuberlich darauf geachtet, dass sich alte mündliche Traditionen und neuere schriftliche Literatur nicht ins Gehege geraten. Die heutige isckarische Literaturszene lässt sich nur miterleben, aber kaum beschreiben.

Die Stadtbibliothek von Gouta.

Dardo eki *

Wie ein literarischer Streifzug auf Isckar ausgehen kann, soll das folgende Erlebnis zeigen. Ich hatte das Linienboot nach Bir verlassen und stand allein auf einem wackligen Brettersteg. Der Steg führte über ein Sumpfgebiet zu einem Wald. Ob das eine Insel, eine Halbinsel oder einfach das Ufer war, wusste ich nicht. Der Kapitän hatte mir empfohlen, den Wegweisern zu folgen, dann würde ich zu einem burlik mit dem Namen «Kontekst» gelangen. Vorsichtig morsche Bretter und Lücken vermeidend brachte

*Dies ist kein Baum

ich den Steg hinter mich. Ein schmaler Pfad führte zum Wald, wo am ersten Baum, einer Birke, ein Schild mit der Aufschrift «Dardo eki» hing. Offenbar war das der Wegweiser. Einige Schritte weiter fand ich eine Buche mit der Tafel «Dies ist auch kein Baum». Bald kam ich an eine Abzweigung. An einem Pfahl waren zwei Wegweiser angebracht: «Ich» stand auf dem einen, «Sie/Er» auf dem andern. Ich folgte dem «Ich»-Pfad und gelangte zu einer Gabelung, wo ich zwischen «allwissend» und «perspektivisch» wählen konnte. Ich entschied mich für das zweite. Der Pfad führte um einen libellenumschwirrten Weiher herum zu einem Bänklein, auf welchem geschrieben stand: «Nicht setzen! Dies ist kein Roman». Das Bänklein sah eher schwächlich drein, als sei es symbolisch gemeint – ich setzte mich nicht.

Ich schaute mich um und entdeckte einen vielschildrigen Wanderwegweiser mit diversen Zielen: «Wortschatz 15 Minuten», «Metapherhöhle 10 Minuten», «Stilbar 5 Minuten», «Adjektivgarten 12 Minuten», «Orthografolterkammer 20 Minuten», «Freie Assoziation 7 Minuten». Ich entschloss mich für die Freie Assoziation – in diesem Kontext vielleicht ein anderes Wort für burlik. Immerhin war ich schon mehr als eine halbe Stunde unterwegs. Ich bekam Durst, aber von der «Stilbar» versprach ich mir nichts Berauschendes. Nach einigen Minuten endete der Weg in einer farnüberwucherten Lichtung. Am Boden lag ein Baumstumpf. Ich setzte mich leicht verärgert hin und wartete auf weitere Signale. Ein Specht hämmerte einen undefinierbaren Rhythmus. Irgendwie kam mir die Idee, mich über ihn lustig zu machen. Ich begann, mit einem Ast auf einen hohlen Baumstamm zu schlagen. Machte er tak-tak-tak/-/tak-tak, so antwortete ich mit tak-tak/-/tak-tak-tak und so weiter. Er schien sich nicht beeindrucken zu lassen. Inzwischen wusste ich schon nicht mehr, wo ich war und in welche Richtung ich gehen musste, um nach «Kontekst» zu gelangen. Ich überquerte das Farnfeld und lief dem Waldrand entlang. An einer Eiche hing ein Zettel, auf dem folgende Zeichen standen: «..-...». Ich wusste, dass ich auf dem richtigen Weg war. Irgendein Faun musste mir auf den Fersen sein. Ich war nicht mehr allein. Ähnliche Signale, die an verschiedenen Bäumen hingen, führten mich weiter. Ich kam zu einem schilfbestandenen Seeufer. Auf dem spiegelglatten See sah ich eine Insel mit einem Gebilde aus Holz und Textilien – «Kontekst»! Eine junge Frau in einem langen dunkelblauen Gewand führte einen Ochsen heraus aus dem Gehölz an das Wasser.

«Ist das Kontekst?» fragte ich sie.

«Aus welcher Sicht?» fragte sie zurück.

«Ich glaube, aus der des Autors», erwiderte ich zögernd.

«Da bist Du auf dem falschen Weg. Autoren kommen über die Ziehbrücke von Norden.»

«Wahrscheinlich habe ich auf dem Farnfeld den Weg verloren.»

«Schlecht assoziiert.»

«Irgendjemand hat mich mit Zeichen auf die falsche Fährte gelockt.»

«Wahrscheinlich der gesunde Menschenverstand.»

Der Ochse schlürfte genüsslich das Seewasser. Eine Brise kam auf und brachte die Stoffstreifen, Spruchbänder, Wimpel und Zeltdächer des Inselburliks zum Flattern.

«Im Ernst», sagte ich schliesslich, «wo gibt es hier etwas zu trinken? Ich bin am verdursten.»

«In Kontekst», antwortete sie lächelnd und wies zur Holzburg hinüber.

«Links oder rechts herum?»

«Das ist einerlei, der See ist rund, die Insel auch.»

So kam ich schliesslich über eine Zugbrücke, auf der der Spruch stand: «Kontekst do eki» («Dies ist nicht Kontekst»), ins burlik, wo man mich freundlich aufnahm. Ich wurde mit Bier und Nussbrot bewirtet. Die Unterhaltung gestaltete sich allerdings schwierig, da die Konteksterinnen gerade ihren cut-up-Tag hatten. Nur Fetzen, verstreute Einzelsätze und unterbrochene Geschichten. Der Abend war eine verwirrende Lektüre. ◆

Die Barden treffen sich zu Sommersonnwende in Balckar zum traditionellen Wettbewerb. Moderne Sänger und Chansonniers halten anfangs September in Limas ein Festival ab. Vom 25. Dezember bis am 5. Januar findet in Kifnif die Märchenwoche statt. In jedem Haus sitzt ein anderer Märchener-

zähler. Hunderte von Erzählern und tausende Zuhörer kommen zusammen. Die Bewohner von Kifnif schenken Tee aus und servieren süsse Mandelspezialitäten.
Bekannter als die isckarische Literatur ist Amberland als literarischer Gegenstand. Schon Plato siedelte dort sein Idealreich an. Vielleicht gehört es zur Ironie der Geschichte, dass die im Aufbau befindliche Stadt «Almedin» in der Nähe von Alsuk wie bei Plato 5040 Einwohner zählen wird. Thomas Morus (1516) und andere phantasielose Utopisten benützten das neue oder alte Atlantis für ihre männlichen Projektionen. Auch Montesquieu versteckte sich hinter Isckar, um mit seinen «Institutions de l'Ambrie» (1754) indirekt Frankreich zu kritisieren. Entdeckt wurde Isckar in der romantischen Epoche. Madame de Staël besuchte die Insel auf ihrer Flucht 1805 und veröffentlichte ihr «Journal ambrique».Lord Byron fand in den einsamen Landsitzen des Larskura Raum für seine Exzesse und schuf eine Reihe von Abschiedsgedichten, in welchen sich Bedauern mit Abscheu vermischen. Victor Hugo verbrachte einen Teil seines Exils auf der Insel und schrieb Gedichte wie «Plus jamais», «Les nains» und andere, die er seinen «Châtiments» hinzufügte. Nur zu offensichtlich entsprechen die Traumländer Gondal und Angria der Brontë-Schwestern (um 1840) Grondal und Ambria. Um vom Pfarrhaus in Yorkshire nach Isckar zu gelangen, bedurfte es keiner grossen Vorstellungskraft. Zum geistigen Heimatland wurde die Insel insbesondere auch für Gérard de Nerval (1808-1855). In einem abgelegenen Inselburlik im Larskura schrieb er auf seinen vielen Besuchen an seinem Roman «Aurélia» («ou le rêve et la vie), wo es heisst: «Chacun sait que dans les rêves on ne voit jamais le soleil, bien qu'on ait souvent la perception d'une clarté beaucoup plus vive.»

Mark Twain beschrieb 1862 eine Besteigung des Munt Alun, die er grösstenteils auf dem Rücken eines Maultiers absolvierte. In den Hotels der Südküste (von Shesti bis Vilya) verkehrten Aleister Crowley, Anna Blavatsky und Butler Keats, immer auf der Suche nach magischen Winken aus phönizischer Zeit (Baal etc.). Die meisten ihrer esoterischen Schriften entstanden im Grand-Hotel «Britannia» in Limas. Ernest Hemingway besuchte Stierkämpfe in Menzuri und bekam in Fa das Gewehr geschenkt, mit dem er später in Afrika eine Löwin und noch später sich selbst erlegte. Bertolt

Die Märchenwochen finden jährlich in Kifnif statt.

Der Landsitz der Gräfin von i. Hier hat Lord Byron seine unvergesslichen «satanischen Verse» gedichtet.

Brecht schrieb auf der Reise nach den USA 1943 in sein Tagebuch: «Ambrer sind wie Esel – sie wollen weder vorwärts noch zurück.» Dieser Satz wird auf Isckar als Lob aufgefasst. Brecht konnte mit Isckar allerdings nicht viel anfangen.

In den Zeiten der Hochkonjunktur geriet Amberland kulturell ins Abseits – es war ausser Mode. Einzig Schriftsteller wie Ludwig Hohl oder Kurt Vonnegut konnten Isckar literarisch noch verwerten. Einerseits war Isckar kein modernes Land im landläufigen Sinn, andererseits hatten die burliks es mit ihrer praktischen Art seiner romantischen Aura beraubt und literarisch «entzaubert». Verständnis für das nüchterne Wesen der Isckarer hatte einzig Friedrich Dürrenmatt, der bei einem Schriftstellertreffen 1983 in Laduga sagte: «Entweder die Welt verambert, oder sie geht unter.»

9. Kunst und Architektur

Du findest auf Isckar bemerkenswert viel «Kunst», das heisst gestaltete oder arrangierte Umwelt, aber nur wenige Kunstschaffende. Bezeichnenderweise hat das Isckarische für Kunst, Handwerk und Technik den einen griechischen Begriff, tekni, beibehalten.

Die isckarische Kunst und Architektur beginnt mit den Höhlen von Kifnif, wo Malereien und diverse Statuetten aus Stein, Rentierknochen oder Löwenzähnen entdeckt wurden. All diese Objekte können im kleinen Museum in Kifnif betrachtet werden. Meist weibliche Statuetten wurden im Vorgebirge gefunden. Allgemein wird die Auffassung geteilt, dass diese Figuren zu einem Muttergottkult (Ala, Ela) gehörten. Die rätselumwitterte neolithische Stadt Dazi ist ebenfalls von «technischem» und architektonischem Interesse. Mosaike, blaue Keramikplatten, Reste von Textilien wurden dort gefunden.

Die Architektin Mariel Butta verbindet Grün und Grau zur neuen ambrischen Moderne.

Ausgegrabenes Höhlendorf im Bentar-Gebirge.

Aus alter Zeit stammen Megalithe in der Umgebung von Grondal, Aliborfor, Balckar (hier kreisförmig aufgestellt), Naum und Breta. Andere, manchmal mit Schriftzeichen unbekannter Herkunft versehene Stelen und Runensteine findet man entlang der Westküste und überall im Gebirge. Kopfförmige Skulpturen aus Kalkstein, die an die Olmekenköpfe und die Figuren auf der Osterinsel erinnern, werden hie und da im Larskura ausgegraben.

Byzantinisches Mosaik, um 690.

Phönizische Reste kann man im Stadtpark der Kastra von Talsum studieren. Keltische Architektur ist in vielen Gebirgsdörfern (eigentlichen Burgdörfern) bis heute erhalten geblieben. Es gibt keine Museen, weil die Leute heute noch in den alten Mauern wohnen. Objekte aus keltischer Zeit kannst Du in vielen Wohnhäusern finden. Silberschnallen, Keramik, Schmuck in der Art der Kelten oder Phönizier werden heute noch hergestellt.

Eine fast vollständig erhaltene hellenistische Stadt kommt durch die Ausgrabungen in Shandri bei Alsuk zum Vorschein. Die schönsten griechischen Tempel stehen in Nabul und Galbul.

Römische Thermen, Tempel und Foren können bei Tablash, Vilya und Shesti besichtigt werden. Die Altstadt von Shesti ist als ganzes heute noch eine römische Anlage. Das alte Theater ist bewohnt und umfasst ein burlik. Die Thermen waren die ganze Zeit über in Betrieb (heute Hamam). Mosaike, Statuen und Triumphbogen verteilen sich über die ganze Stadt. Andere römische Funde aus ganz Isckar sind im Museum zu Morham ausgestellt. In Talsum, Galbul und Nabul stehen byzantinische Basiliken, die später als Moscheen in Gebrauch standen und schliesslich wieder in Kirchen zurückverwandelt wurden. Die Markthalle von Vilya ist eine ehemalige Moschee.

Frühsurrealistischer Holzschnitt von Luzo Saymak aus Laduga (ca.1765).

Der maurische Stil hat mit dem Palast in Morham das grandioseste Monument hinterlassen. Die Anlage ist grösser als die Alhambra in Granada und um einiges prachtvoller. Touristisch ist der Palast allerdings nicht erschlossen, da er noch bewohnt wird. Zwei burliks teilen sich die Räumlichkeiten – versuche dort als Gast aufgenommen zu werden! Grosse Moscheen mit Schulen, Gärten und Hospizen sind auch in Tablash, Alsuk, Galbul, Mugura und Talsum zu finden. Die Moschee von Mugura ist wegen ihrer 77 Meter hohen Minarette

Die ambrische Muttergottheit Ela, um 4500 v.Chr.

sehenswert. Die Post hat sich heute dort einquartiert. Der maurische Stil hat auch die normannisch-sächsische Gotik des Zentrums beeinflusst: sie wirkt weicher als die kontinentale und der Übergang zum Barock ist fliessend. Auf Isckar kann nicht von einem eigentlichen Barock gesprochen werden, wohl aber von spanischen Einflüssen. Die «Renaissance» war hier eine Angelegenheit der Mauren.

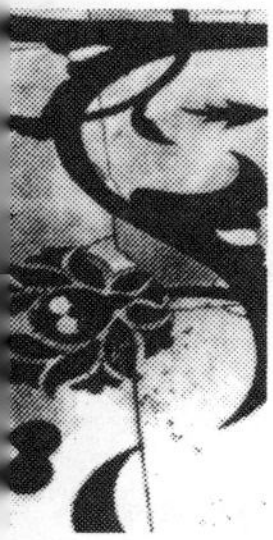

Ein Gesamtkunstwerk an und für sich ist Laduga. Künstler tauchen mit Namen erst zur Zeit von Ana I. und ihrem halbherzigem «Absolutismus» auf. Die Maler Deron, Albirgo und Saval, die Bildhauer Color, Masa und die Architekten Manza, Kolvil gehören zu den bekanntesten. Die meisten ihrer Werke können im halbfertigen Palast zu Ckoroli besichtigt werden. Dort gibt es ein Museum für Kunst des 19. Jahrhunderts mit den üblichen wild-romantischen Gebirgslandschaften.

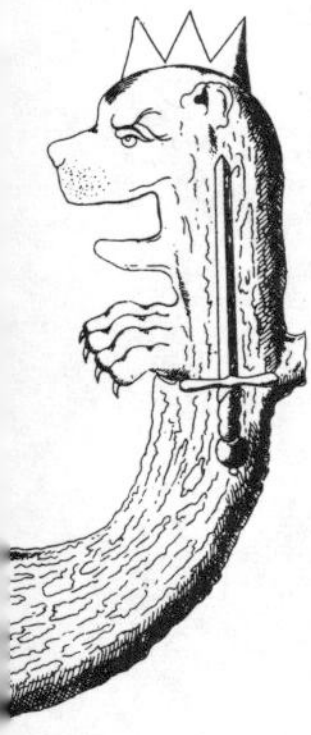

Die moderne Kunstszene hat sich sich in Morham und Laduga entfaltet. Bemerkenswerte impressionistische Werke (Burhamson), kubistische, futuristische und abstrakte Kunst kannst Du in diesen beiden Städten teils in Museen, teils in den langen Korridoren und prächtigen Salons der burliks finden. Viele Werke zirkulieren als Leihgaben im kula-System. In Laduga existieren zwei oder drei «surreal-situationistische» burliks mit reichen Kunstschätzen und einer lebendigen Produktion.

Die «Moderne» hat sich infolge der unvollständigen Industrialisierung nicht mit dem Grosskapital und dem «sozialen» Wohnungsbau zwangsverheiratet wie in Europa und in Amerika. Die Werke aus der neueren Periode sind daher weniger von Dekadenz und Kompromisslertum geprägt. Einige Bauhaus-Mitglieder sind in den dreissiger Jahren nach Amberland emigriert (Rolf Bickmann, Carl Durst und andere) und haben hier dauerhafte Anstösse gegeben (Gouta). Einige Experimental-burliks sind sehr modern. Kaffeehäuser, Bibliotheken, Schwimmbäder und das Spital von Tablash lassen den Einfluss der Bauhaus-Architektur erkennen. Natürlich wird in Amberland sehr wenig gebaut, und wenn, dann nicht romantisch-traditionell. Ausserhalb von Obra wurde 1978 ein Erdhausburlik errichtet.

Bocksfuss, um 1550.

«Kunst» als ausgegrenzte Aktivität gibt es heute kaum mehr. Alle machen irgendetwas: Automobile, Tassen, Brunnen, Objekte, Geisterbahnen, Feuerwerke, Drachen, Katakomben, Gebisse oder Fallen. Manchmal sind diese Aktivitäten oder Relikte soziale Angelegenheiten. Auf jeden Fall findest Du sie nicht in Museen, sondern in burliks, Höhlen, auf Plätzen oder in Kaffeehäusern und Postgasthöfen. Auch die Behandlung von Gästen wird als «Kunst» aufgefasst.

Die ambrische
Wildkatze
parda.
Kunst am
Bau in Vilya.

Eine Schneiderin

Brütende Nachmittagshitze lag über dem Dorf. Ich sass in einem Café am Hauptplatz von Totonaq, einem vier-burlik-Nest nordöstlich von Galbul, im Bentar-Vorgebirge. Langsam nippte ich an meinem kalten Tee. Einige Hunde dösten im Schatten der Platane in der Mitte des staubigen Platzes.

Dann rumpelte und keuchte es und der Bus hielt ächzend, gerade vor meinem Tischchen. Ein unbeschreibliches Wesen stieg aus: etwa zwanzig Jahre alt, schwarze Haut und weisse Zähne. Sie trug einen gefiederten Turban auf dem Kopf, ein verwickeltes Gewand, spitze Schuhe, Pailletten, Bänder und mehrere Gürtel. Resolut winkte Sie mich herbei:

«Kannst Du mir mal mit der Kiste helfen?»

Ich wuchtete eine schwere, zerkratzte, grünliche Seemannskiste aus dem Gepäckraum des Busses. Die Besitzerin wies mit dem Finger nach hinten zum leeren Dorffestsaal, zu welchem das Café gehörte. Schon schweissüberströmt schleppte ich die Kiste hinüber. Ich hatte sie kaum abgesetzt, als schon die ersten Frauen aufgeregt schreiend hergerannt kamen.

«Luisa!» riefen sie, «Luisa ist da!»

«Luisa, das bin ich», sagte der Paradiesvogel zu mir und bedankte sich. Ich holte ihr kalten Tee, denn die Café-Betreuerin hatte sich schlafen gelegt. Dann beobachtete ich folgendes Schauspiel:

Frauen kamen mit Stoffstücken, Nähzeug, Bändern, Le-

der, Federn, Fellen usw. herbeigeeilt. Luisa klappte den grossen Koffer auf. Er enthielt ebenfalls Stoffe und allerlei Zubehör. Luisa war eine wandernde Schneiderin. Es begann ein angeregtes Wiedersehensgeplauder, dann wurde gearbeitet. Die Tische waren bald mit Textilien bedeckt, Scheren blitzten auf, Kleider wurden anprobiert, Luisa gab Ratschläge, legte Hand an. Der Festsaal hatte sich innerhalb von Minuten in ein Nähatelier verwandelt. Jemand legte eine Platte auf. Hunde wachten verstört auf und streckten ihre Schnauzen herein. Einige verschlafene Männer schauten verdutzt von weitem zu. Kinder kamen und eröffneten ihre Nebenateliers.

«Geht das immer so zu und her?» fragte ich Moko, einen der jüngeren Männer, der sich zu mir gesetzt hatte.

«Immer wenn Luisa kommt», sagte er müde, «das geht nun ein paar Tage so weiter, nachher sind unsere Frauen nicht mehr wiederzuerkennen.»

«Die neue Mode?»

«Mode? Nein, Luisas Mode. Sie macht aus allem ihre Mode. Sie hat die Hand und das Auge.»

Moko rieb sich die verschlafenen Augen.

Einige Tage herrschte eifriges Schneidern, dann wurde ein grosses Fest mit Tanz und einer «Modeschau» gegeben. Die Frauen sahen phänomenal aus, sehr bunt, aber doch irgendwie im gleichen Stil. Allerdings in einem mir völlig unbekannten Stil. Weder Milano noch Paris – Totonaq.

Es fügte sich, dass ich mit Luisa im gleichen Bus abreiste und ihr mit der Kiste half. Ich fragte sie, wie sie dazu kam, als Störschneiderin zu arbeiten.

«fainus, fainus», sagte sie, «ich wohne in einem burlik in Mugura, wo ich auch mein Hauptatelier habe. Etwa die Hälfte des Jahres verbringe ich dort, den Rest bin ich unterwegs. Ich bringe ein paar Sachen mit, nehme, was ich brauchen kann und gehe von Ort zu Ort. Macht Spass.»

«Und die Männer?»

«Ha, habe auch schon daran gedacht. Ich schicke demnächst Buku nach Totonaq, einen Schneiderkollegen. Vielleicht kann der etwas aus den verschlafenen Typen rausholen.»

Ich wischte mir den Schweiss von der Stirn. ◆

10.

Fakten für Reisende

Einreise/Ausreise

Amberland ist nur auf dem Seeweg erreichbar. Mit dem Frachter oder der Fähre dauert die Reise vom Festland her ein bis zwei Tage. Im allgemeinen werden nur Shesti, Talsum, Laduga und Yambur angelaufen.

Schiffspassagen zu reservieren ist schwierig. Du kannst jedoch versuchen, tel. 999 international anzurufen, wo man Dir erklären wird, an welchen Tagen und in welchen Häfen Du die besten Chancen hast.

Fähren verkehren ab Portsmouth, Portland (Maine), Dublin, Casablanca und Cadiz. Weder Autos noch Lastwagen dürfen mitgenommen werden. Bei Motorrädern werden manchmal Ausnahmen gemacht. Kein Problem sind Velos (sehr zu empfehlen) und Pferde. Die Kapazität der fünf Fähren (je 300 Personen) bestimmt die Zahl der Besucher. Es bleibt Dir nichts anderes übrig, als Dich zu einem der genannten Häfen zu begeben und auf das Beste zu hoffen. Der Preis für die Hin- und Rückfahrt liegt zwischen 50.- und 100.- US=. Eine Einweg-Buchung ist nicht möglich.

Bei der Einreise musst Du ein Depot von 200 US$ hinterlegen, das Dir bei der Abreise wieder zurückerstattet wird. Falls Dir etwas zustösst und Du nach Hause befördert werden musst, oder wenn für Dich teure ausländische Medikamente beschafft werden müssen oder Telefonate erforderlich sind, wird auf dieses Geld zurückgegriffen. Es wird von der Post verwaltet.

Merkwürdigerweise fragt bei Deiner Einreise niemand nach Deinem Pass oder anderen Personalausweisen. Es wird Dir jedoch empfohlen, zusammen mit Deinem Depot Deine Heimadresse anzugeben.

Die Angestellten der Hafenpostämter nehmen Dich nach Verlassen des Schiffes in Empfang. Sie können Dir alle möglichen Auskünfte geben. Solltest Du keine 200.- US= bei Dir haben, musst Du ihnen plausible Gründe angeben. Hast Du auch diese nicht, musst Du wieder zurück an Bord. Oder Du rufst einen lokalen Kadi an (tel. 444) und versuchst, den Entscheid der Post anzufechten. Solange das Verfahren läuft, darfst Du die Hafenstadt nicht verlassen. Dieses Vorgehen ist nur dann zu empfehlen, wenn Du wirklich ein Flüchtling bist oder einfach auswandern willst.

Kennst Du schon Leute in burliks, so gibt es überhaupt keine Probleme: sie holen Dich beim Schiff ab, geben ihre «Anschrift» an und Du bist eine Isckarerin, wenn Du das willst. Solltest Du für die Rückfahrt eine andere Route wählen als bei der Hinfahrt, so wird Dir der zusätzliche Fahrpreis vom Depot abgezogen. Der Sinn dieses einigen als befremdlich erscheinenden Depots liegt darin, dass sich Amberland Devisenprobleme beim Import des Dieselöls für die Fähren u.a. vom Hals halten will.

Gepäck

Grundsätzlich kannst Du nur soviel Gepäck mitnehmen, als Du tragen kannst. Hast Du jedoch Geschenke oder Tauschartikel für bestimmte burliks dabei, drückt die Schiffsbesatzung ein Auge zu, vorallem, wenn Du sie nicht leer ausgehen lässt.

Am Besten Du reduzierst Dein Gepäck auf eine handliche Reisetasche, so bleibst Du beweglich. Mit viel Gepäck oder gar einer Campingausrüstung zu reisen, könnte als Beleidigung aufgefasst werden. Damit gibst Du den Ambrerinnen zu verstehen, dass Du nicht auf ihre Gastfreundschaft angewiesen sein willst. Leute mit leichtem Gepäck werden eher eingeladen – sie erscheinen «hilfsbedürftiger». Einige Toilettenartikel (keine Seifenvorräte, all das bekommst Du auch in Amberland!), Wäsche für zwei, drei Tage ist alles, was Du brauchst.

Hast Du einmal Anschluss in einem burlik gefunden, so kannst Du Dir alles Nötige ausleihen: Kleider, Schuhe, Zelte, Taschen etc. Die Isckarer borgen sich dauernd gegenseitig Sachen, die allesamt auf verschlungenen aber sicheren Wegen wieder zurückkehren. In einem burlik kannst Du auch Deine Wäsche mitwaschen lassen. Ein Barbier, eine Flickstube und ein Schumacher gehören in der Regel zu jedem burlik.

Du könntest ganz gut auch mit Nichts einreisen, als wärest Du eben schnell Zigaretten holen gegangen. Allerdings empfiehlt es sich, Geschenke mitzunehmen oder Gegenstände, die Du auf Märkten verkaufen kannst. Hier gibt es keine Limiten. Spirituosen, Tonbänder, Bücher, Schmuck, Tabak, Schokolade, Farben etc. werden überall geschätzt. Aber bedenke, dass Du diese Dinge auch herumtragen musst!

Das allgemeine Borgen führt dazu, dass man auch Deine Sachen ungeniert ausleiht. Auf der Reise kann das lästig sein, weil Du jeden Tag wieder Deinen Sachen nachrennen musst. Dieses Problem lässt sich am besten lösen, indem Du bei Deiner Einreise auf dem Hafenpostamt gegen Hinterlegung von US= 10.- ein doga-Siegel besorgst. Diese etwa handflächengrosse Messingplakette mit dem königlichen Wappen und dem Wort «doga» bringst Du an Deinem Gepäck gut sichtbar (Griff, Schloss) an. Damit ist Dein Gepäck tabu und Du bist vor «Entleihen» 100% sicher. Ein doga-Bruch bedeutet einen Fall für den kadi und ist eine hochpeinliche Ehrensache – ausser ein Ausländer war der Täter. Mit dem doga-Siegel sind auch Dein Tagebuch, Dein Photoapparat, Dein Radio, Dein 20teiliges Sackmesser und andere Dinge, an denen Du hängst, vor Benutzerinnen sicher.

Aber auch das doga hat seine Tücken. Zwar gilt es nicht als Zeichen des Misstrauens Deinen Gastgebern gegenüber; im Gegenteil bringst Du damit Dein Vertrauen in ihre Sitten und Gebräuche zum Ausdruck. Dennoch ist das Reisen ohne doga-Siegel ein Zeichen noch grösserer Offenheit. Du signalisierst damit, dass Du willens bist, völlig im ambrischen Universum der zirkulierenden Gegenstände und Menschen aufzugehen. Du musst selber entscheiden, was für Dich wichtiger ist: der Schutz Deiner Privatsphäre oder die totale Integration. Die Ambrer selbst kennen dieses Problem durchaus auch. Missverständnisse, was das Ausleihen betrifft, haben im übrigen dazu geführt, dass die Ambrer als Diebe verschrieen sind. Dieser Vorwurf ist völlig unbegründet. Mir wurde beispielsweise ein Rasierapparat leihweise weggenommen. Am Tag meiner Abreise brachte ein atemloser Gastgeber ihn mir aufs Schiff! Alles kommt zurück, die Frage ist nur, wann. Ich bekam damals noch drei Kämme, als Geschenk.

Reisezeit

Das ambrische Klima erlaubt angenehmes Reisen zu jeder Jahreszeit. Im Norden ist der Winter trüb, nass und kühl. Im Sommer kann es im Süden sehr heiss werden. Entweder Du meidest diese extremen Landstriche oder Du verlegst Deine Reise in den Frühling oder Herbst. Dann findest Du auf der ganzen Insel ein angenehmes Klima. Der Sommerhitze kannst Du immer leicht entgehen, indem Du in die Berge ausweichst.

Tropischer Regen klatscht auf das Bahnhofdach bei Fa.

Geld

Geld spielt in Amberland fast keine Rolle. Da die Ambrerinnen in ihren burliks je nach ihrem Gutdünken mehr oder weniger Selbstversorger sind, tragen sie kaum je Geld auf sich. Sie können von der Geburt bis zum Tod ohne Geld auskommen. Erwarte daher für Geld weder Waren noch Dienstleistungen!

Dich selber kostet eine Reise nach Amberland nur, was Du für die Überfahrt bezahlst. Dazu kommen die allfälligen Geschenke. Dein Depot wird nicht verzinst.

Das Leben ohne Geld erfordert gewisse Umstellungen, aber schon nach einigen Tagen wirst Du Dich daran gewöhnt haben. Was zählt, ist Deine Fähigkeit, Dich sozial zu verhalten, Deine Menschenkenntnis zur Anwendung zu bringen und Deine Lebensart (tekni auf isckarisch) verständlich zu machen. Das kann bisweilen sehr anstrengend sein. Wenn Dir alles zuviel wird, nimm einfach Zuflucht bei der nächsten Poststation (siehe: Post).

In jedem Dorf oder jeder Stadt mit mindestens vier burliks findest Du einen oder mehrere Märkte, wo meist lokale Währungen im Umlauf sind. Unzählige Systeme werden angewendet: Plastikchips, farbige Perlen, Aluminiummarken, alte Silbermünzen (z.T. aus römischer Zeit!), Holzplättchen, Goldmünzen, Banknoten, Hornscheibchen, Muscheln usw. Hie und da tauchen auch Dollars oder Dinare auf. Es steht Dir frei, auf einem solchen Markt einen Stand, Platz oder Laden zu borgen und Deine doga-Tasche aufzuklappen. So trittst Du in den bescheidenen lokalen Geldkreislauf ein. Natürlich musst Du Dir überlegen, wie Du Deine Holzplättchen oder Nickelmünzen aus dem 16. Jahrhundert wieder loswirst. Besser ist es wohl, Du tauschst den gewünschten Gegenstand direkt ein.

Solange Du Dein Geld in Deiner doga-Tasche verwahrst, kümmert sich niemand darum. Devisenvorschriften gibt es keine. Übrigens: die kadis verweigern jede Rechtsprechung in Geldsachen! Es empfiehlt sich daher, gar kein Geld mitzunehmen. Kreditkarten und Travellers Cheques werden nirgends akzeptiert. Banken existieren keine, ausser man bezeichnet die Devisenkommission der Inselversammlung als solche. Überweisungen sind also unmöglich. Du kannst Dir höchstens Geld im Couvert per Post schicken lassen. Aber eben: wozu?

Die Post

Die wichtigste Institution für die Reisenden ist die Post. Poststationen sind überall zu finden. Meistens werden sie mit Bahnhöfen, Häfen oder Bushaltestellen kombiniert. Das Zeichen für die Post ist ein grosses rundes rotes Emailschild mit einem Posthorn in Gold und den Worten «posta konigni» (königliche Post).

Wenn auf Isckar etwas existiert, was entfernt an unseren Staat erinnert, dann ist es die Post. Sie ist Mädchen oder Knäbchen für alles. Vorallem sorgt sie für Kommunikation,

für den Reiseverkehr und die Transporte. Trotzdem ist die Post nicht etwa zentralistisch aufgebaut. denn die einzelnen Poststationen werden von den örtlichen burliks unterhalten.

Der Posthalter von Tiro geniesst eine dienstfreie Stunde.

Auf dem Land besteht eine typische Poststation aus einem Büro, wo Briefe und Pakete (bis 5 kg) aufgegeben werden können. Auch ein Telefon kann dort benutzt werden. Dazu kommt eine Busgarage mit angegliederter Reparaturstation und einem Treibstofflager. Die Postgaststätte ist um einen Innenhof herum aufgebaut. Zimmer für Reisende, eine Küche und Aufenthaltsräume mit einer Bibliothek und einem Zeitungsstand gehören zur üblichen Ausstattung. Einige Postgaststätten warten sogar mit einem Swimmingpool und einem Garten für die Gäste auf.

Meist sorgt eine Posthalterfamilie für die Reisenden. Oft sind die Posthalter deutscher oder afrikanischer Herkunft. Die Familien sind miteinander verwandt, so dass ganze Sippen solcher Posthalterfamilien auf der ganzen Insel anzutreffen sind. Je nach Familientradition ist der Stil, der in der jeweiligen Poststation gepflegt wird, wieder verschieden, was das Essen, die Betreuung und die Unterbringung betrifft. Viele Poststationen sind seit Generationen in den Händen der gleichen Familie. Zur Post gehören oft auch ein Gemüsegarten, ein Fischteich, ein Hühnerhof, ein paar Kühe. Die Posthalterfamilien verstehen sich auf verschiedene Fertigkeiten: sie leisten medizinische Betreuung, amtieren als Hebammen, sprechen verschieden Sprachen, sind beschlagen in Weltgeographie und -politik, flicken Kleider, Fahrräder, Taschen, Schuhe und sind oft auch kadis des Ortes.

Eine Post – Materielle Begegnung

Meine Wanderroute sollte mich über einen Ausläufer des Tasari-Gebirges nach Kifnif bringen. Ich war früh aufgebrochen und schon etwa vier Stunden unterwegs. Ausrüstung und Proviant hatte ich bei der AAAA in Bir bezogen. Ich sollte sie in Kifnif bei der dortigen Sektion der Alpinisten-Assoziation abgeben. Im Unterschied zu unseren Karten benützen die Amberländer Ziehharmonika-artige Karten, die die Gegend von der Wanderroute aus beschreiben. Häuser, Felsen, Bäume, Gewässer, Wildwechsel und

Brutstätten sind auf diesen Karten eingezeichnet und kurz beschrieben. Auch alle dogas (56 auf meiner Route) und Tore (7) sind sorgfältig eingetragen. Damit können die nötigen Verrichtungen und Opfer eingeplant werden. Gute Rastplätze, Feuerstellen und Brunnen sind nebst Obst- und Nussbäumen verzeichnet. Der Wanderer wird gebeten, allfällige Veränderungen aufzuzeichnen, so dass sie von der nächsten Sektion der AAAA in die Karten übertragen werden können. Die Karten sind handgezeichnet und existieren in der Regel nur in einem Exemplar. Für einige dogas und Tore musste ich extra Proviant mitnehmen: bei doga 5 hatte ein Erdhörnchen einige Getreidekörner zu gut, bei doga 9 musste eine Frucht deponiert werden, bei doga 12 ein Schluck Wasser über einen Stein gegossen und bei doga 13 etwas Salz gestreut werden. Bei den Toren musste ich anhalten, um einige, auf der Karte abgedruckte Worte zu sprechen. Dazu musste nachgesehen werden, ob der Steinmann noch in Ordnung war. So jede halbe Stunde hat man etwas zu tun, wenn man auf Isckar wandert.

Ich hatte gerade einen Bach überquert, als ich etwa 200 m links von mir im Gestrüpp des Abhangs etwas blinken sah. Meine Karte verzeichnete in dieser Richtung ein doga und ein Tor, das nur zusammen mit einem eingeweihten Mitglied der Vardyor-Gesellschaft durchschritten werden durfte. Ich hatte keine Ahnung, was für eine Gesellschaft das war, und eigentlich auch nicht die Absicht, vom Weg abzubiegen. Es war heiss und still in diesem Bachtal. Ich bemerkte einen Pfad, der in die Richtung des Blinkens von vorher führte. Nach einer Weile hörte ich ein Geräusch aus der gleichen Richtung. Ich wurde neugierig und beschloss, nachzuschauen. Vor kurzem schien hier noch jemand gegangen zu sein. Ich schritt unter einem Tor aus Lianen durch, die wie absichtlich über den Weg gewachsen waren und sich zu kunstvollen Zöpfen verbanden. Kurz darauf verlor sich der Pfad. Ich kämpfte mich dem Bach entlang durchs Gebüsch. So verging eine Viertelstunde. Ich nahm nichts besonderes mehr wahr. Gerade als ich beschloss, den Rückweg anzutreten, schoss vor mir eine Gestalt auf, die drohend eine Machete schwang und brüllte:

«Ha! Halt oder ich hau Dich in Stücke!»

Ich erstarrte vor Schreck. Vor mir stand ein graubärtiger, älterer Mann mit zerfranstem Strohhut, verschwitztem Hemd und schmutzigen Hosen. Seine Augen waren klein und blau; sein Gesicht machte einen sehr entschlossenen Eindruck. Er trat mir näher.

«Ausländer! Aha, aha! Weisst Du, wo Du bist?»

Er hatte englisch gesprochen. Ich antwortete:

«Nun, ich schätze, tief in einem doga.»

Ein trockenes Lachen brach die Spannung. Er senkte die Hand mit der Machete, hielt sie aber auf meinen Bauch gerichtet.

«Sehr tief», sagte er, «wirklich sehr tief. Zu tief.»

Er schien nachzudenken.

«Tut mir leid», murmelte ich, «wenn Du mir sagen kannst, was ich noch machen kann...»

«Machen?» lachte er, «da kann man nichts mehr machen. Da muss man schon vorher daran denken. Mit dem Kopf. Oder besser mit dem, was drin ist, mit unserem 1,4 Kilo-Hirn.»

Ich hatte das Gefühl, dass er nicht mein Gesicht anschaute, sondern meinen Schädelinhalt abschätzte. Ein Kopfjäger?

Dann wies er mit der Machete auf meinen Wanderrucksack.

«Ein doga-Siegel. Das hat man gern. Schützt sich selber mit dogas und trampelt auf den dogas anderer Leute herum.»

Er wirkte nun weniger bedrohlich. Unvermittelt steckte er seine Machete weg und streckte mir seine schwielige Hand hin:

«Ko», sagte er, «Benyamin Ko.»

Ich stellte mich vor und schlug ein. Er grinste.

«Ich hab Dich wohl erschreckt. Aber ich muss aufpassen. Ich bin auf einer sehr delikaten Mission. Komm!»

Benyamin Ko führte mich zu einem Erlenhain, wo er offenbar sein Lager aufgeschlagen hatte. Ein Rucksack und ein Handspaten lagen da. Er wies mir einen Baumstrunk zu. Ich stellte meinen Rucksack ab und setzte mich. Gegenüber sass Benyamin Ko auf einem Felsbrocken. Eine Weile sagte er gar nichts. Dann begann er abrupt:

«Sagt Dir der Name Ambropithecus etwas?»

«Paläoanthropologie?»

«Richtig. Da Du schon hier bist, kann ich es Dir auch sagen. Vielleicht kannst Du mir behilflich sein. Ich bin hier nämlich einer ganz wichtigen Sache auf der Spur. Die Entdeckung des Jahrhunderts. Vielleicht habe ich sogar das Missing Link gefunden. Dort drüben.»

Er wies mit der Hand auf einen buschbestandenen Abhang.

«Dort liegt ein fast vollständig erhaltenes Skelett eines Ambropithecus Koensis Pixi. Ich nenne ihn kurz Pik.»

Ein zärtliches Lächeln huschte über sein Gesicht.

«Pik ist etwa eine Million Jahre alt, zierlich gebaut, recht intelligent und wenig behaart. Ich nehme an, ein richtiger Mensch, kein Halbaffe. Pik ist der Wendepunkt. Er muss sich hier wohlgefühlt haben.»

Benyamin hatte mit beiden Händen ein Wesen in die Luft gemalt, das uns scheu anzugrinsen schien.

«Seit Jahrzehnten durchstreife ich den Tasari auf der Suche nach Humanfossilien. Es gibt Legenden, wonach hier noch Alte leben, denen man nicht viel ansieht, die aber nicht zum Typ homo sapiens gehören. Sie paaren sich nicht mit ihnen. Vielleicht sind es die Leute im Tabrusa-Hochtal.»

Er wies zum Gebirgskamm im Nordwesten hinauf.

«Und Pik wäre ein solcher Alter?»

«Nein, nein. Aber die Alten könnten seine direkten Nachfahren sein. Lebende Missing Links.»

«Ich habe gehört, die Tabrusa-Leute lassen nur drei Personen pro Jahr hinein und hinaus.»

«Das ist richtig», sagte Benyamin, «ich habe auch schon angeklopft, hatte aber keine Chance. Du könntest es doch versuchen. Vielleicht bist Du ihr Typ.»

«Was meinst Du damit?»

Bin ich der Tabrusa Typ? Ich begann zu schwitzen. Das Missing Link in der Phantasie eines Wahnsinnigen.

«Deine Schädelform. Meiner ist eher länglich, Deiner rund. Ich glaube, sie stehen auf rund.»

«Nun», meinte ich zögernd, «ich hatte eigentlich nicht vor, bis zum Tabrusa-Tal zu gehen.»

«Du verpasst aber was, das kannst Du mir glauben. Ich glaube, Du hättest reelle Chancen. Aber nun zurück zu

Pik. Vielleicht kannst Du mir da helfen. Wie Du weisst, ist diese Gegend hier doga. Du dürftest gar nicht hier sein. Ich noch weniger. Ich habe hier mein drittes doga gebrochen. Aber es hat sich gelohnt.»

Auf Isckar herrscht der Brauch, dass jeder und jede im Leben dreimal dogas brechen darf, wenn es sich nicht vermeiden lässt. Allerdings wird dieser Brauch von offizieller Seite streng dementiert.

Er führte mich zur Ausgrabungsstelle. Es war ein unscheinbarer Fleck rötlicher Erde neben einem grossen Felsen. Das Loch war etwa einen halben Meter tief. Ich sah die Umrisse eines bräunliches Skeletts.

«Darf ich vorstellen: Pik. Ein prächtiger Junge, nicht wahr?»

Ich nickte. Der prächtige Junge bestand aus bleichen Knochen und glotzte mich aus dunklen Löchern an. Plötzlich schoss mir der Gedanke durch den Kopf, dass die ganze Urgeschichtsgeschichten der Vorwand für einen übergeschnappten Mörder sein könnten. Schon sah ich mich als weiteres Missing Link in diesem Loch liegen. Mein Gesicht nahm die Farbe der Knochen unter mir an.

«Leider kann ich ihn nicht mitnehmen», klagte Benyamin, «die wichtigste Entdeckung des Jahrhunderts kann nicht belegt werden. Und das nur, weil ich so vergesslich bin.»

Er kniete vor das Grab und strich über den Schädel des Ambropithecus – falls das wirklich einer war. Ich anerbot mich, ein paar Photos zu machen. Er winkte ab:

«Das habe ich schon getan. Was ich brauche, ist ein materieller Beweis, zum Beispiel diesen Schädel, sonst glaubt es die Fachwelt nie. Ich müsste am Kongress in Paris diesen Schädel zeigen können.»

Er richtete sich wieder auf. Unwillkürlich wich ich einen Schritt zurück.

«Ich dachte, Du könntest mir Deine doga-Plakette ausleihen. Verstehst Du: der Schädel ist doga, aber in einem doga-versiegelten Sack merkt das ja niemand.»

Ich war erleichtert.

«Jedes System hat seine Hintertür.»

«Regelwerke ohne Widersprüche existieren nicht», ergänzte er, verstummte aber plötzlich.

«Da ist er wieder», brummte er erbost und wies den Abhang hinauf zu einer Gruppe Tannen.

Ich sah ein silbernes Blinken, das gleiche, das ich gesehen hatte, als ich den Weg verliess.

«Das Mistvieh verrät mich die ganze Zeit,» klagte Benyamin.

«Was ist es?»

«Eine Elster. Sie hat mir ein Stück Alu-Folie geklaut und gibt damit Signale. Sehr ärgerlich.»

«Offenbar verteidigt sie das doga», meinte ich nicht ganz ernsthaft.

«Sicher. Sie gehört zur anderen Seite.» Sein Gesicht wurde hart. Mir fiel das Missing Link wieder ein. Und meine Rolle als ausgebleichtes Skelett.

«Nun – was meinst Du?» Er schaute mir gerade ins Gesicht.

«Nichts – warum?» Ich wich seinem Blick aus, verfluchte meine Neugier und die unendlich vielen Missing Links, die mich von meinen Lieben zuhause trennten.

«Deine doga-Plakette. Bist Du dabei?»

«Ach so», mir fiel ein Knochen vom Herzen, «ja klar, ich häng ja ohnehin schon mit drin.»

Er strahlte übers ganze Gesicht. Dann wurde er sehr geschäftig. Mein Rucksack wurde in seinen umgepackt, der Schädel sorgfältig ausgegraben, in ein Tuch gewickelt und in meinen Rucksack gesteckt. Die Grabstelle schaufelte er wieder zu. Ich steckte die doga-Plakette an meinen Rucksack.

«Bis zur Dunkelheit können wir es bis zur Poststation Bukuran schaffen», meinte er, als wir auf dem Pfad zum Wanderweg waren.

«Warum zur Poststation?» fragte ich, denn ich hatte eigentlich im burlik Fergatmon übernachten wollen.

«Ich will kein Risiko eingehen. Die Poststation ist anonymer.»

Nach vier Stunden, elf dogas und drei Toren kamen wir zur Post Bukuran. Benyamin hatte ein ordentliches Tempo vorgelegt und ich war ziemlich erschöpft.

Die Poststation bestand aus einem flachen Gebäudekomplex aus hellrotem Lehm. Durch das karge Tal führte eine ungeteerte Landstrasse. Ausser ein paar dürren Ei-

chen und dem Garten der Poststation war wenig Grün zu sehen.

«Kaum jemand kommt hier durch. Aber man isst gut.»

Ein weisser Spitz kam uns kläffend entgegen und sprang schwanzwedelnd an Benyamin hoch. Am Tor empfing uns ein stämmiger Mann mit blonden Haaren und Bart. Er trug schwarze Hosen und ein rotes Hemd, die Posthalteruniform.

«Benyamin! Wohlbehalten zurück!»

«Gerhart! Guten Abend.»

Dann wurde ich Gerhart vorgestellt. Er sprach deutsch zu mir. Seine Familie war im 18. Jahrhundert von Preussen nach Isckar ausgewandert, als Ana I. mit ihrer Hilfe das Postwesen aufbauen wollte. Heute betreuen die Aichingers mehr als ein Dutzend Poststationen. In Bukuran wohnte eine richtige, 15 köpfige Grossfamilie. Die Poststation versorgte sich fast ausschliesslich selber. Die zwölf zugeteilten burliks kamen für den Rest auf.

Gerhart wies uns zwei Kammern am Innenhof zu. Ich duschte und genoss anschliessend ein kühles Bier auf der Terrasse. Wir waren die einzigen Gäste. Gerhart setzte sich zu uns.

«Nun, hast Du es?» fragte der Posthalter.

«Ja, er hat es», antwortete Benyamin und zeigte auf mich.

Ich schreckte hoch. Hier bahnte sich ein weiteres Komplott an.

«Interessierst Du Dich für die Urgeschichte der Menschheit?» fragte ich Gerhart.

«Ich interessiere mich für alles.»

«Keine Angst», beruhigte mich Benyamin, «Posthalter sind an ihr Amtsgeheimnis gebunden. Gerhart wird nichts weitererzählen.»

«Das Postgeheimnis verpflichtet», nickte Gerhart gewichtig.

«Und die Post muss die dogas nicht beachten?» fragte ich.

«Oh doch, selbstverständlich. Aber das wichtigste doga ist unsere Verschwiegenheit. Die Post ist eben auch für die Sünder da. Psst, meine Frau.»

Hilda war eine imposante Dame mit dicken blonden

Zöpfen. Sie begrüsste uns kurz und ging weiter.

«Sie darf nichts erfahren», erklärte Benyamin, «sie ist hier kadi.»

«Gilt das Postgeheimnis auch im Ehebett?» fragte ich keck.

«Es gilt überall», sprach Gerhart in bestimmten Ton.

Dann entschuldigte er sich, weil er in der Küche nach dem Braten sehen musste.

«Der Postdienst stellt offensichtlich hohe Ansprüche an den Charakter», bemerkte ich nachdenklich.

«Naja», meinte Benyamin, «macht er einen Fehler, ist die ganze Sippe erledigt. Ein Dutzend Poststationen bis hinauf nach Aliborfor wäre ruiniert. Natürlich wird viel über die Posthalter gemunkelt. Einige seien Zauberer. Postgäste verschwinden, doga-Güter werden geschmuggelt und Leute erpresst.»

Es dunkelte. Wir wurden zum Essen gerufen. An einem langen Holztisch sass schon die ganze Familie. Ein ausgezeichneter Schweinebraten, geröstete Kartoffeln und Blumenkohl wurden aufgetischt. Dazu gab es Bier und Schwarzbrot. Ich musste das Neuste aus der Schweiz erzählen. Die jungen Vettern wollten meine Adresse. Mit ein paar Schnäpsen endete der angenehme Abend.

Ich lag im Bett, hellwach trotz der müden Glieder. Aus meinem Rucksack in der Ecke schien mir der bleiche Schädel entgegen zu grinsen. Ich war entweder Komplize oder Opfer einer Grabschänderbande und wusste nicht, was schlimmer war. Doga-Brecher waren in dieser Gegend auch schon gesteinigt worden, hatte ich gehört.

Ein Klopfen an der Tür. Ich zog die Decke über den Kopf und stellte mich schlafend. Die Türe ging leise auf, Schritte kamen auf mich zu.

Auch unter der Decke spürte ich den heissen Atem, als sich jemand über mich beugte und blitzartig die Decke wegriss und eine riesige fleischige Hand auf meinen Mund presste. Ich hielt den Atem an, das Wesen stank fürchterlich, die Hand auf meinem Mund fühlte sich rissig und hart an, aber ich konnte nichts sehen, denn das Wesen, oder was immer es war, stand hinter mir. Plötzlich packte mich eine zweite Hand im Nacken und warf mich mit einer Leichtigkeit über die Schulter, als wäre ich ein Badetuch, und schlüpfte schnell zur Tür hinaus. Steif vor Angst baumelte ich an der Gestalt und konnte gerade noch die dicht behaarten, stämmigen Beine sehen, als mir ein Sack über den Kopf gestülpt wurde. Ich begann zu schreien. Ein Schlag auf den Kopf war das letzte, woran ich mich erinnerte, bis ich wieder aufwachte.

Ich lag in einer Grube und starrte hinauf, wo fünf seltsame Köpfe merkwürdige Laute von sich gaben. Ihre Stirne war tief, praktisch inexistent, dafür waren ihre Kiefer umso ausgeprägter. Fürchterliche Hauer steckten in ihren Mäulern und die Nasen sahen aus wie schrumpfelige Kartoffeln. Dazu überall Haare, die die kleinen Augen fast verdeckten. Mir ging ein Licht auf: das waren die Tabrusa-Leute, die lebenden Missing Links, Überlebende aus der Zeit der Neandertaler. Sie warfen Blumen auf mich herab. Offensichtlich sollte ich nach bester Neandertaler Sitte begraben werden. Ich erhob mich langsam. Ein Geraune setzte ein. Langsam stand ich auf und wartete auf einen weiteren Schlag. Jetzt konnte ich die ganzen Körper sehen. Die Leute waren klein. Ich stand immer noch in meinem gut knietiefen Grab und reichte ihnen bis gut zur Nase. Aber sie waren stark. Ihre Arme waren lang und sehr muskulös und ihr Brustkasten erinnerten an einen 200 Liter Kühlschrank. Vor mir brauchten sie keine Angst zu haben, als ich aus meinem Grab stieg. Ich hatte es geschafft und lächelte die Steinzeitmenschen an. Lächeln, immer nur lächeln, redete ich mir innerlich zu. Ich hatte realisiert, wo ich mich befand: genau auf der Fundstelle von Pik. Genau dort, wo ein Schädel fehlte. Mein Kopf war als Ersatzschädel auserkoren worden. Ich bewege mich mühsam grinsend auf den Rucksack zu, den ich an der Böschung liegen sah. Hoffentlich war das meiner. Ich packte den Rucksack und bewegte mich rückwärts von den Tabrusa-Leuten weg, die mich anstarrten, ohne sich zu rühren. Keiner machte einen Wank. Als ich mich umdrehte und um mein Leben zu rennen begann, hörte ich hinter mir eine Art Lachen. Ich schlüpfte unter dem Lianentor durch und lief weiter, bis ich zwei Stunden später beim Terrassenburlik Keremoz anlangte. Ich liess mich in einen Lehnstuhl fallen und schloss die Augen. Nach einer Weile entschloss ich mich, den Rucksack zu öffnen. Ich schaute mich um. Je-

mand hatte ein Glas Wasser neben mich hingestellt. Aber es war niemand zu sehen. Ich erwartete den Schädel von Pik im Rucksack zu finden, was einen doga-Bruch bedeutet hätte. Aber der Rucksack war leer. In einer Seitentasche fand ich eine 10-Dollar-Note mit einer angehefteten Notiz: doga-Depot. Mir fiel ein Stein vom Herzen. Statt lebendigen Leibes begraben zu sein, sass ich gesund und munter, mit nichts als einem leeren Rucksack und 10 Dollars, die hier so gut wie nichts bedeuteten, und blinzelte in die untergehende Sonne.

Später brachte ich in Erfahrung, dass eine Poststation Bukuran auf Amberland nicht existiert. Norkan, mein ethnologisch-interessierter Freund aus Ckar, erzählte mir Monate später, dass die Tabrusa-Leute neuerdings eine Art Auferstehungskult pflegten, wobei ein leeres Grab eine wichtige Rolle spiele. Norkan lachte darüber, und ich behielt mein Geheimnis für mich. ◆

Die Post sorgt immer dafür, dass Du in der gewünschten Richtung weiterreisen kannst. Dazu vermittelt sie auch «private» Mitfahrgelegenheiten. Falls zur Poststation kein Bahnhof oder eine Busstation gehört, verfügt der Posthalter meist über ein Automobil oder ein Pferd oder mindestens einen Mietesel. Auch Fahrräder zirkulieren zwischen Poststationen; sie sind rot lackiert. Auf Poststationen kannst Du Dein Gepäck deponieren oder an andere Poststationen befördern lassen. Natürlich sind all diese Dienstleistungen gratis.

Wenn Du willst, kannst Du also Deine ganze Reise durch Amberland von Post zu Post abwickeln. So hast Du keinerlei Probleme mit der Kontaktaufnahme, der Anpassung an burliks und wirst kaum in irgendwelche Fettnäpfchen treten. Aber das Wesentliche auf Isckar bleibt Dir verborgen. Du bekommst die Gesellschaft gewissermassen nur von aussen zu Gesicht.

Briefe sind im Inland taxfrei. Auslandbriefe werden von Deinem Konto abgezogen.Das gleiche gilt für Telephongespräche. Inlandpakete (bis 5 kg, 10 kg an Bahnstationen) sind taxfrei. Die Auslandpakete (bis 2 kg) sind sehr teuer. Inlandbriefe erreichen den Adressaten fast immer am folgenden Tag – Ehrensache der Post. Auch das Telephonnetz funktioniert ausgezeichnet.

Das Telephon spielt in Amberland überhaupt eine überraschend wichtige Rolle. Zwar verfügen die meisten Burliks nur über einen Anschluss, aber ausser einigen Trappisten- und Zenburliks sind alle burliks auf Amberland an das Telephonnetz angeschlossen. So kannst Du jede Ambrerin praktisch jederzeit erreichen.

Übers Telephon werden die lebenswichtigen fainus organisiert; Informationen über regionale Mängel und Überschüsse zirkulieren über Draht. Die Nummer 666 ermöglicht den Zugang zu einem Zentralcomputer in Morham. Dieser Superrechner wurde 1987 in Betrieb genommen. Nach jahrelangem geduldigen Hacken ist es dem CHIP burlik in Morham gelungen, die blueprints eines CRAY-Rechners zu entschlüsseln. Darüber hinaus konnten neuronale Schaltkreise integriert werden, so dass Amberland mit dem CRAY-Klon in Morham über den heute potentesten Grossrechner der Welt verfügt. Die burliks des ganzen Landes errechnen hier ihre Produktionskosten, analysieren Tauschbedingungen und informieren sich über die aktuelle Verteilungslage. Spielprogramme und Sprachkurse sind ebenfalls über den Computer abrufbar.

Weitere wichtige Telephonnummern sind:

111	Ambulanz
222	Feuer, Katastrophen
333	Störungen
444	kadi
555	Gesellschaften (know how Experten)
666	Zentralcomputer
777	burlik – Auskunft (Personensuche)
888	Wetter
999	Reisedienst
000	Auskunft

Wenn Du eine dieser Nummern wählst, wirst Du immer an die nächste Dienststelle (lokales Spital, lokaler kadi, nächster Imkermeister etc.) vermittelt. Meistens wird Dir eine weitere Nummer angegeben. In dringenden Fällen wird direkt alarmiert (Ambulanz, Feuer, Wasser). 000 informiert über alle andern Telephondienste wie: Weckdienst, Veranstaltungen, Sportresultate, Witze, Radiofrequenzen u.a. Du hast also Zugang zu den meisten Informationen per Telephon, es sei denn sie existieren nur in isckarischer Sprache.

Die Isckarerinnen selbst halten Telephonieren für etwas unfein. Wenn immer möglich, werden sie persönlich vorbeikommen.

Aufschriften, Schilder und Zeichen

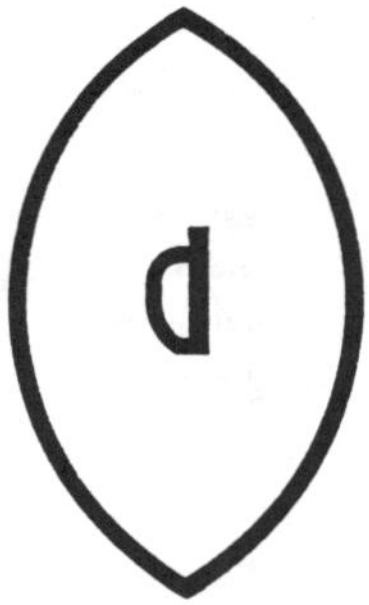

doga-Zeichen, Tabu, Privateigentum, kein Durchgang usw.

medizinische Hilfe (Kleeblatt)

Trinkwasser. Wo das Zeichen fehlt, muss angenommen werden, dass das Wasser nicht trinkbar ist. (abkochen)

Bushaltestelle

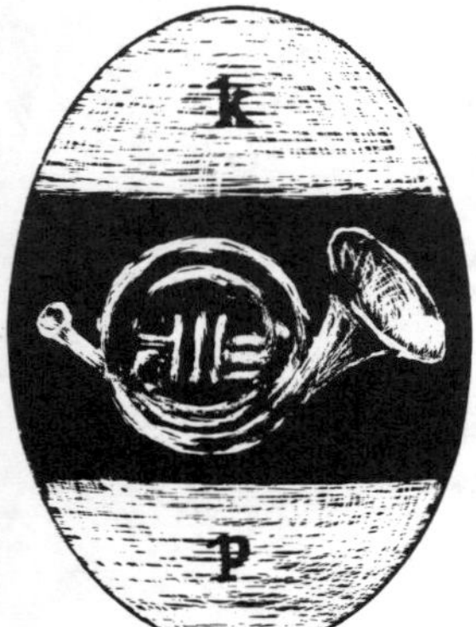

Post

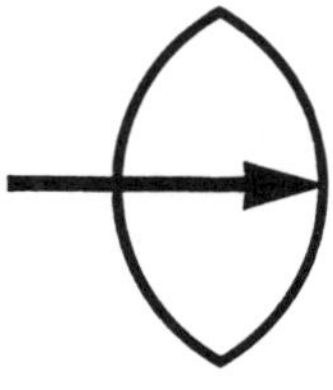

Einbahn, keine Durchfahrt (einziges Verkehrsschild)

Baby-Wickeltisch mit Windeln

Ruhe! Jemand will schlafen.

Toilette

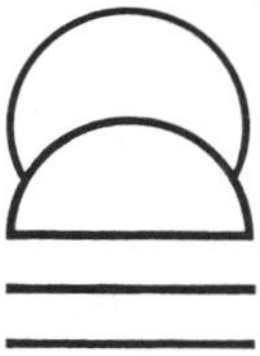

Meditations-Toilette für längeren Aufenthalt

Kurz-Toilette

Itapa — *Bahnhof*

Birbush — *Barbier*

Dutyan — *Apotheke (Mörser)*

Obriza — *Restaurant*

Brigu — *Hafen*

zili — *Offen*

doli — *Geschlossen*

Unterkunft (vorallem in unbewohnten Gebieten), die Zahl bezeichnet die Wegstunden bis zur Unterkunft.

Unterkunft

Das burlik Ganadu in Bir umfasst verschiedene Gebäude im alten Korokan-Quartier.

Ein ungeschriebenes Gesetz verpflichtet jedes burlik, jederzeit etwa 40 Gäste aufzunehmen. Du kannst Dich also jedem beliebigen burlik als Gast aufdrängen, was aber nicht zu empfehlen ist. Besser ist es, Dich über einen vielleicht beiläufigen, zufälligen Kontakt einladen zu lassen. Falls Du nicht zu der Sorte der abweisenden Muffels gehörst, wird Dir das leicht fallen. Auf Amberland eine Unterkunft zu finden, ist ganz selten ein Problem. Umgekehrt wirst Du Dich oft vor lauter Einladungen nicht zu helfen wissen. Eine gelbe Nelke im Knopfloch, ein gelbes Band im Haar, ein gelber Knopf wirkt hier Wunder.

Notfalls kannst Du immer in der nächsten Poststation unterkommen. Doch ein Ambrer, den Du nach der nächsten Poststation fragst, wird Dich in der Regel verstört anschauen und Dich sofort zu sich einladen.

In kleineren und sowieso in grossen Städten findest Du Hotels, die von burliks eines Stadtteils oder der Stadtversammlung betrieben werden. Oft sind sie sehr schön und luxuriös. Als Gast in diesen Hotels wird von Dir erwartet, dass Du Dich mit den Leuten, die dort arbeiten, unterhältst, über Dein Heimatland berichtest und über Deine Erlebnise erzählst. Das ist nämlich der Witz dieser Hotels: sie sind das Auge zur Welt und gleichzeitig gesellschaftliche Zentren. An abgeschiedenen Orten findest Du Gasthäuser, die von verschiedenen Gesellschaften bewirtet werden. Die AAAA (Autonome Amberländische Alpinistische Assoziation), die Naturfreunde, die Schmetterlingsforscher, die «Zwerge hinter den sieben Bergen» (eine naturmystische Sekte) u.a. bieten Zimmer oder Massenlager an. Du kannst auch diesen Gesellschaften beitreten und hast dann Vortritt bei grossem Andrang, wobei Du unbedingt das Kleingedruckte in den Statuten lesen solltest. Die Schmetterlingsforscher verlangen beispielsweise drei Exemplare dreier Species auf Nadeln aufgespiesst als «Eintrittsbillett» für ihre prächtigen Berghotels. Mir persönlich ist ein Fall bekannt, wo eine Touristin bei unter

Abendessen im Hotel «Britannia» in Limas.

null Grad die Nacht unter freiem Himmel verbringen musste, weil sie den falschen Schmetterling gefangen hatte: Er stand unter doga.

Auch Campieren ist überall möglich, wenn Du von den Landbenutzern (Besitzer gibt es nicht) die Einwilligung eingeholt hast, was dann allerdings oft zu einer Einladung führt. Auf den Campingplätzen kannst Du Zelte und Zubehör ausleihen. Warum also den ganzen Kram herumschleppen? In bestimmten Bergdörfern sind auch Gebirgsausrüstungen inklusive Skis leihweise zu haben.

Im ganzen Zentralmassiv kannst Du Hütten finden, die von benachbarten burliks unterhalten werden. Sie sind mit Kajütenbetten, einem Herd und einem Lebensmittelvorrat ausgestattet. Die Benutzer tragen sich in das Hüttenbuch ein und hinterlassen die Hütte aufgeräumt und sauber. Auf den Landeskarten 1:50'000, die an allen Poststationen ausgeliehen werden können, findest Du ihre Standorte. Ähnliche Unterkünfte für Segler gibt es an der Westküste und auf den kleinen Inseln.

Essen und Trinken

Isckar zählt soviele Ernährungsarten wie burliks: vegetarische, kein Fleisch aber Fisch essende, koschere, islamische, monotone, abwechslungsreiche, raffinierte und einfache Küchen. Im allgemeinen essen die Isckarerinnen (mit Ausnahme der Städte Halvan und Obra) wenig Fleisch. Oft wird das Fleisch für besondere Gelegenheiten (Ostern, burlik-Gründungstag, Mondfinsternis, Deine Ankunft) reserviert. Die Ernährung ist recht gesund und basiert auf Getreide und Gemüse. Milchprodukte sind überall erhältlich.

In den meisten burliks wird die Kochkunst mit viel Liebe und Aufwand gepflegt. Berühmt sind die einschlägigen burliks von Laduga und Morham, wo von der italienischen über die klassische französische Küche bis zu Nouvelle Cuisine alles zu finden ist. Auch die Küchen aus China, Jemen, Russland, Indien, Siam, Mexiko u.a. sind vertreten. Sehr geschätzt wird, wenn ein Gast seine eigene kulinarische Spezialität mitbringt. In gewissen burliks darf der Gast nicht mit den burlik-Bewohnern essen, weil gewisse Speisen unter das doga fallen. Der Gast muss für sich selber kochen, wobei die Zutaten gestellt werden. Du darfst Dich dadurch nicht beleidigt zeigen. Südlich der Linie Limas-Menzuri-Kifnif-Bani-Galbul wird kaum Schweinefleisch verzehrt. Salami oder Schinken als Geschenk dorthin zu bringen, bedeutet, ganz tief ins Fettnäpfchen zu fallen.

Die Lebensmittel sind auf ganz Amberland hygienisch einwandfrei und gesund. Dasselbe gilt für das Trinkwaser und die Getränke. Coca Cola und andere internationalen Abfüller sind auf Amberland nicht vertreten. Die lokalen Limonaden sind hervorragend im Geschmack und enthalten weniger Chemie und Zucker. Fruchtsäfte sollten nach Möglichkeit frisch konsumiert werden.

Guter Fang in Prisogi. Die milums gehören in jede Fischsuppe.

Das Fladen-Soufflée von pochiertem Heilbutt wird in den kori-Holzofen geschoben.

In vielen Städten nördlich der Schweine-Alkohol-Linie bestehen lokale Bierbrauereien. Die Brauereien von Obra beliefern das ganze Land mit Flaschenbier. Die Markennamen wechseln nach Lust und Laune der Verteiler. Zur Zeit (Herbst 1988) heisst das Bier «Vulkan» oder «Borvalish» (Bärenquell). In Obra werden auch Kühlschränke mit Methangas- oder Solarbetrieb hergestellt. Der Wein aus Fa, Menzuri, Vilya u.a. ist hochklassig. Aus dem Nordosten (Ambar) kommen Apfelsaft und Apfelwein. An der Nordwestküste werden Whiskeys («Sati Rus» Sieben Rosen), in Morham Brandies («Romas Oma») destilliert. Die Ambrerinnen haben einen reichen Erfahrungsschatz im Umgang mit Alkohol angesammelt. Betrunkenheit gilt vorallem in der Öffentlichkeit als doga.

In den Waldgebieten des Lugdan/Larskura sind die Waldbierklubs zuhause. Diese Geheimgesellschaften brauen in abgelegenen Waldhütten nach uralten Rezepten ihr Honigbier (met) und zelebrieren in mitternächtlichen Riten ihre Trinkgelage. Diese Waldbiervereine gehen auf die keltische

Zeit zurück. Ihre Tänze und Lieder, sowie die Runen, die als heilige Zeichen noch heute mit Steinen auf den Waldboden ausgelegt werden, deuten auf die ungebrochene Tradition der Druiden hin. Du kannst als Gast an diesen Riten teilnehmen, wenn Du von einem Mitglied geprüft und eingeladen worden bist.

Im Süden wird ein ausgezeichnetes Hanf angebaut und in Wasserpfeifen geraucht. Zigaretten werden lokal in kleinen Fabriken produziert. Die Qualität schwankt allerdings sehr. Eine gute relativ milde Marke ist in Laduga zu finden («Liberdas»). Eher zu empfehlen sind die Zigarettentabake («rolln'smoke», «Limukolk» «Schwarzhand»). Zigarettenpapiere findest Du an jeder Poststation im Tausch gegen Seife.

Isckarisches Geheimrezept

fasulmaga (für 400 Personen)

15 kg lamik (ersatzweise Frühlingszwiebeln) gehackt
10 kg oyfo (ersatzweise violette Zwiebeln) gehackt
220 zerdrückte Knoblauchzehen (ckarka)
2 Liter Olivenöl
50 Liter aldérga (konzentrierte Gemüsebrühe)
10 kg fasul aubo (ersatzweise Kidneybohnen) eingeweicht
7,5 kg Gemüse (z.B. yuzba, kérmaf, seri, okra) in Scheiben
7,5 kg grüne Bohnen, kleingeschnitten (fasul-gedo)
lo kg enthäutete und gehackte Tomaten (pomat)
5oo g akom-pomat (ersatweise Tomatenpürée)
je ca. 100 g Salz (sol) und Pfeffer (pera)
100 g shergum (bräunliche Gewürzmischung, nur auf Isckar erhältlich)
5g deoryafàn (bringt den Spezialeffekt, d.h. 5 weitere Streiktage)
5 Bund gabàye (ersatzweise Basilikum) gehackt
10 Bund ukid (ersatzweise Petersilie) gehackt
2,5 kg mukron (ersatzweise kurze Makkaroni aus Vollweizenmehl)

1. In einem grossen Topf (oba-burlik) mit schwerem Boden das lamik, oyfo und ckarka im Öl weichdünsten.

2. aldérga und die abgetropften fasul aubo hinzufügen, zum Kochen bringen und 20 Minuten sprudelnd kochen lassen. Die Hitze reduzieren und 20 Minuten köcheln lassen. Nun die yuzba usw., die fasul-gedo und die pomat dazugeben, akom-pomat darunterrühren und weitere 20 Minuten köcheln lassen.

3. Kräftig salzen und pfeffern. gabàye, 7 Bund gehackte ukid und mukron hinzufügen und nochmals 15 Minuten bei schwacher Hitze kochen. Einige Minuten vor dem Servieren alle Mitköchinnen hinausschicken, die doga-Worte sprechen und shergum zusammen mit deoryafàn mit einem goldenen Löffel unter die Suppe rühren. (Ersatzweise tut es auch ein silberner Löffel.) Mit dem restlichen ukid bestreuen und auftragen.

Achtung: Fasulmaga kann nur für 400, 800, 1200 oder 1600 Personen gekocht werden. Bei kleineren Mengen ist sie (trotz eventuell aus Isckar herausgeschmuggeltem deoryafàn) wirkungslos.

Gesundheit

Das gemächliche Tempo des isckarischen Lebens ist an für sich schon ein Labsal für die Seele der gestressten Fremden. Aber auch sonst bestehen kaum Gefahren für die Gesundheit. Epidemien sind seit 230 Jahren nicht mehr aufgetreten. Deshalb besteht auch keine Impfpflicht. Jedes burlik unterhält einen Gesundheitsdienst. Die medizinischen Methoden sind jeweils sehr unterschiedlich. Ärzte, Heiler, Medizinmänner, weise Frauen sind überall anzutreffen. Die wichtigsten Medikamente und ein paar Krankenzimmer findest Du im burlik. Falls Du Dich mit ausländischer Medizin behandeln lassen willst oder darauf angewiesen bist, musst Du für die Behandlung selber aufkommen. Gewisse Krankheiten, wie Diabetes und die meisten Allergien, kommen in Isckar nicht vor. Insulin etc. gelten daher als ausländische Medikamente und müssen von Dir bezahlt oder mitgebracht werden. Im Zweifelsfall solltest Du persönliche Medikamente mitbringen und in einer doga-versiegelten Tasche mit Dir führen. Alle einheimischen Behandlungen und Medikamente sind gratis. Ein Mitbringsel erleichtert allerdings die Kur. Falls Du Dich, was ich Dir nicht wünsche, ausfliegen lassen musst, gibt es Notflughafen in Yambur, Talsum, Purtra und Nishur. Der Transport zum Kontinent muss bar bezahlt werden und kostet zirka 15'000 US=.

AIDS: Auch auf Isckar gibt es Aids. Einige sehr aktive Gesellschaften befassen sich mit Aids und seinen nichtmedizinischen Aspekten. Da in Amberland weder Prostitution noch Drogenhandel vorkommen, hat sich Aids nur wenig verbreitet. Für Positive und Erkrankte haben die Gesellschaften mit der Unterstützung der burliks verschiedene Möglichkeiten erarbeitet: sie können in Aids-burliks ziehen und so die Risiken für andere reduzieren helfen und zugleich die beste Pflege unter sich oder durch Helfer von aussen erhalten. Die Hospitalisierung wird so vermieden, wenn auch eine gewisse Isolation entstehen kann. Die Aids-burliks befinden sich aber in den Städten und sind durchaus keine Ghettos. Die Positiven und die Erkrankten können aber auch nur einzelne Wohnungen oder Häuser belegen.

Die Gesellschaften haben die Bevölkerung sehr schnell aufgeklärt. Für die nächste Zeit ist Vorsicht angezeigt. Kondome, auch Verhütungsmittel, findest Du an allen Poststationen, wo die Aids-Gefahr auch am grössten ist.

Amberland weist Aids-Patienten oder Virusträger nicht zurück. Tests werden keine gemacht. Aids-Kranke werden jedoch aufgefordert, ihre Krankheit nicht zu verheimlichen und auf die Vorschläge der Aids-Gesellschaften einzugehen. Neuerdings ist eine Art Aids-Tourismus nach Amberland zu beobachten, weil die Pflege und das Leben für die Kranken hier vergleichsweise sehr gut sind. Wenn dieser Zustrom zunimmt, wird Amberland wohl restriktiver mit den Aids-Kranken umgehen.

Zeit

Die Ambrerinnen leben nicht nach der Uhr. Daher haben sie entweder keine oder sie bevorzugen Taschenuhren, die sie diskret in ihren Gilets verbergen können. Ziehe Deine

Hermetische Uhr.

Armbanduhr noch auf der Fähre aus, Du wirst Dich sofort besser fühlen, besonders nach Deiner Ankunft in Amberland, denn Uhren gelten als hässlich und böse.

Ohne Uhren keine Verspätungen. Warten wird mit einem guten Buch oder mit interessanten Gesprächen überbrückt. Als Zeitknautschzonen können die allgegenwärtigen kafes von Talsum bis Yambur bezeichnet werden, wo die Zeit bei gutem Kaffee nie verloren geht.

Eine offizielle Zeit existiert nicht. Am ehesten gilt die Bahnzeit als verbindlich, die wiederum vom jeweiligen Bahnhofsvorstand und seinem Zeitgefühl abhängt. Um einzelne Stunden oder gar Minuten kümmert sich niemand.

Das Kalenderjahr wird laut des königlichen Kalenders in 12 Monate mit 3 Wochen à 10 Tagen eingeteilt. Die Monate tragen die abgewandelten Namen des französischen republikanischen Kalenders. Die Tage werden einfach numeriert. Für die Jahre gilt die christliche Zählweise. Für die Reisenden ist wichtig zu wissen, dass die Poststationen an den Tagen 5 und 10 keine Gäste neu aufnehmen und keine Post verarbeiten. Andere Dienstleistungen kennen Schliessungszeiten, die einem anderen Kalender entsprechen.

Je nach Lebensrhythmus misst jedes burlik seine eigene Zeit. In Yambur pflegen die «chronometrischen burliks» eine rigorose Zeitmessung mit Wanduhren und Stundenplänen, während in Mugura schon das Fragen nach der Uhrzeit allein eine grobe Beleidigung darstellt.Viele Ambrer wissen auch nicht, wie alt sie sind. Geburtsregister existieren keine, ausser für die auf ihre Stammbäume versessenen Abkömmlinge von Ana I.

Für die Öffnungszeiten von kafes, Restaurants, Museen und so weiter gilt, dass jede Angabe morgen schon überholt sein kann. In den grösseren Städten ist jedoch eine gewisse Regularität wahrscheinlicher. Dämmerung am Morgen wie am Abend sind wichtige Zeitpunkte, wo Museen beispielsweise schliessen und Spielhöllen und Theater öffnen.

Elektrizität

Die Stromspannung und die Wechselstromfrequenzen variieren von Ort zu Ort. Die Netze sind regional organisiert und auf die vorhandenen Energiequellen abgestimmt. Die Niedervolttechnologie ist weit fortgeschritten. Die Eisenbahnen (veye ferile ischarne, VFI) verfügen über eigene Kraftwerke.

Morham und Talsum haben 220 Volt, Laduga 240 Volt und Yambur 110 Volt.

Auch die Stecker und Dosen sind uneinheitlich. Für Deine elektrischen Geräte wird man Dir meist einen Adapter basteln. Allerdings sind aufladbare Batterie-Geräte zu empfehlen.

Ein kleiner Tip: anstatt einen elektrischen Rasierapparat herumzuschleppen und nach Adaptern zu suchen, kannst Du Dich un den meisten burliks im hauseigenen Barbiersalon rasieren lassen. Diese Salons gehören zu den wenigen exklusiv männlichen Bereichen in Amberland. Sie sind Zentren intimer Männerkommunikation. Oft befindet sich ein Raucherzimmer und ein Billiardtisch in der Nähe.

Film und Photo

Nimm Deine eigenen Filme mit! Auf Iscar sind internationale Marken nicht erhältlich. Im Gegensatz zum Video, wo sich die Iscarer auf VHS geeinigt haben und die Bänder und Geräte selber produzieren, sind bei Photoapparaten und Filmen mehrere Systeme in Gebrauch. Spezialisierte Gesellschaften schwören auf selbstentwickelte Kameras mit sehr ungewöhnlichen Filmformaten (6x7 oder 3x12). Zudem gilt das Photographieren ausserhalb dieser Gesellschaften als sehr indiskret. Alte magische Vorstellungen mögen hier noch eine Rolle spielen. Amberlands einziges Photo-Fachgeschäft, rosfot, befindet sich im staubigen Industriequartier Talsik in Talsum und experimentiert vornehmlich mit Konfitüre als Entwicklerersatz. Hingegen sind Portraitmaler hoch im Kurs. Familienbilder werden gemalt und nicht geknipst.

Amberländer lassen sich gar nicht gerne photographieren!

Amberland hat eine hohe Filmkultur, die leider nicht international zugänglich ist, da die Bildlaufgeschwindigkeit und die Spurweite völlig aus dem Rahmen fallen. In der Regel werden die Filme langsam gestartet (19 Bilder pro Sekunde) und dann schneller laufen gelassen bis zum hektischen Finale bei 31 Bildern pro Sekunde. Gezeigt werden überwiegend experimentelle Heldenepen.

Der bekannte Regisseur V.A. schneidet sein experimentelles Heldenepos «Rollo Langer und die tausend Todesfallen».

Video-Kassetten sind ein sehr willkommenes Geschenk. Der Vormarsch der Videokultur hat Amberland weltoffener gemacht, was immer das bedeutet.

Zeitungen

Die einheimischen Zeitungen erscheinen alle 10 Tage und zwar am 10., dem offiziellen Tag. Am Morgen werden sie in den kafe verteilt und bringen die ersten politischen Diskussionen in Gang. Natürlich sind sie in iskarischer Sprache geschrieben und Du wirst damit Deine liebe Mühe haben. Als Herausgeber figurieren die Zeitungsgesellschaften, deren

Spektrum von extrem isolationistisch («Isckar») zu kosmopolitisch geht («Menschheit»). Jede Gesellschaft ausserhalb der Zeitungsverleger produziert ihr eigenes Periodikum.

Ausländische Zeitungen sind nur in den meisten grossen kafes, Bibliotheken und auf Poststationen mit einiger Verspätung zu finden. In den Hafenstädten werden allerdings die Gazzetta dello Sport, New York Times, Le Monde und die englische Prawda-Ausgabe regelmässig gelesen. Auch die WochenZeitung aus Zürich zählt auf sieben treue Leserinnen in Laduga.

Radio und Fernsehen

Viel verbreiteter als die Zeitungen ist das Radio. Auf der ganzen Insel sind schätzungsweise 12'000 Sender im Betrieb. Viele burliks unterhalten ihren eigenen Sender, der als Rufzentrale funktioniert: «Keli wird im Sanitätszimmer gebraucht. Im Lesesaal ist das Licht defekt, es soll sich endlich jemand darum kümmern.etc.»). Das Radio ist der akustische Spiegel der isckarischen Gesellschaft. Deshalb nimm Deinen FM-Empfänger mit. Für Spannung und Unterhaltung wird gesorgt.

Auch das Fernsehen ist lokal begrenzt. Die Programme werden von Akademien oder speziellen TV-Klubs produziert. Die Empfänger stehen in der Regel nur in den Kaffeehäusern und wenigen burlik-Salons. Die Übertragungen werden oft sehr lebhaft kommentiert, so dass Du kaum das Programm verfolgen kannst. Der Grossteil der Sendungen dreht sich um Fussball und Cricket. Die Fans prügeln sich oft und gern. Ausländische Sportereignisse, insbesondere der italienische Fussball stossen auf brennendes Interesse und werden regelmässig übertragen. Seit kurzem ist es den ambrischen Informatikern gelungen, die internationalen Satellitenprogramme anzuzapfen, was zu den sattsam bekannten Problemen des TV als Droge geführt hat.

Wenn man sich vorstellt, dass jedes der 8'000 burliks mindestens einmal pro Jahr ein Fest organisiert, alle Gesellschaften einen partyartigen Kongress abhalten und alle Sekten ihre Feiern kennen, dann wird klar, dass auf Amberland immer etwas los ist. Feste gehören in der Tat zur «tekni viti» der Ambrer. Gäste sind meist eine besondere Attraktion und deshalb gern gesehen: ein Tip aus der Sparte «Essen und Trinken».

An ruhigen Abenden kannst Du die Kaffeehauskultur Amberlands geniessen, die weltweit ihresgleichen sucht. In grossen spiegelbehangenen Sälen oder verrauchten langen Hallen sitzen Damen und Herren und diskutieren, spielen Karten oder Schach und lesen. Oft deklamiert ein Dichter aus seinem Werk oder aus dem Stegreif. Später am Abend wird gesungen. Die Ambrerinnen und Ambrer haben begnadete Stimmen. Die Kellner nehmen keine individuellen Bestellungen entgegen sondern schieben ihre Servierboys mit Cognac, Kaffee, Gebäck von Tisch zu Tisch. Jeder und jede

Das mobile Casino Lucky Number zieht in einem Jahr rund um die Insel. Der Groupier auf Stör garantiert für Spannung.

bedient sich nach Belieben. Für Nachschub wird gesorgt. Allerdings musst Du darauf achten, nicht über die Stränge zu hauen, denn wenn Du Dich ungehörig aufführst, wirst Du rausgeworfen (siehe Pauls Geschichte). Schau Dich zuerst um, kalibriere Deinen Durst auf das lokale Niveau und Du wirst glücklich sein und ohne Kater am nächsten Morgen. Kafes und bars sind die falschen Orte, wenn Du mal über die Schnur hauen willst. Dazu gehst Du besser nach Obra, Halvan oder Prisogi an die Bier- und Schweineschlachtfeste, an Winzerfeste in Fa oder Bir oder an das berühmte «Volksschwingen» in Iso, wo in einem Sägemehlring von 300m Durchmesser zwei- bis dreitausend Leute miteinander ringen. Hast Du jemanden auf die Schultern gelegt, suchst Du Dir den oder die Nächste. Nach etwa zehn Stunden steht nur noch eine oder einer im Ring. Die Siegerin oder der Sieger bekommt ein Kalb und zehn Fass Bier.

Das Kaffeehaus ist die Bühne für die ganze Gesellschaft. Kostüme und Umgangsformen sind oft aus der Belle Epoque entlehnt, aber die Akteure kommen aus irgendwelchen burliks. Die Verkleidung gehört zum Reiz der Kaffeehäuser. Entsprechend lauten ihre Namen: Ateneum, Odeon, Ritz, de la Paix, Tiffany, Troika, Procope...

Unauffälliger sind die Bars, die tagsüber und ohne Kostüm besucht werden. Kaffee und Bier gehören zum festen Angebot der Bars.

Ein Arbeiter/Aristokrat

Ich traf ihn im richtigen Dekor. Es ging gegen Mitternacht. Wer schon alles verloren hatte, schaute nur noch zu. Die Roulette-Tische im Kasino von Limas waren gut besetzt. Ich hatte an der Pfandleihe beim Eingang 350 Chips für ein Flacon Chanel 5 bezogen und bereits 200 Chips verspielt. Neben mir sass Omar Tiziu. Er spielte schon auf Kredit seiner Nachbarin, einer Saradot-Baumhüttenfrau in ihrem typischen Hirschlederkostüm.

Omar Tiziu war etwa 45, von grosser Statur. Er hatte graumeliertes langes Haar, das er nach hinten gekämmt trug. Sein breites Gesicht war geprägt durch den kräfti-

gen, an den Spitzen gezwirbelten Schnurrbart. Seine Augen waren blau, seine Nase breit und sein Kinn lang und kräftig. Er hatte starke Hände. Bemerkenswert war seine Kleidung: ein schwarzer Anzug aus einem dicken Wollstoff, weisses Hemd, stahlblaues Gilet. In seinem linken Revers trug er ein kleines Abzeichen in der Form eines verchromten T. Omar Tiziu war gut aufgelegt. Er strahlte Überlegenheit und Selbstsicherheit aus. Er war auch höflich und aufmerksam, holte seiner Gläubigerin Champagner und bot mir eine Zigarre an.

Während Fortuna uns ihre Streiche spielte, erzählte mir Omar, wer er war. Er stammte aus Gouta, gehörte zu einer uralten Stahlarbeiter-Sippe, die sich um die Jahrhundertwende «verburlikt» hatte und hielt sich in Limas auf, um an einem Treffen der Mathematischen Gesellschaft teilzunehmen, wie auch die Saradot-Frau neben ihm und viele andere im Saal. Omar war sehr stolz auf seinen Stahlarbeiter-Stammbaum und erklärte mir, dass zwei seiner Töchter auch schon zum «Orden» gehörten. Ein Sohn lebe zwar in den Bergen und betreibe eine Käserei, aber es sei ja normal, dass nicht alle «beim Stahl» landeten. Neben dem Stahl interessierte er sich für die mathematische Chaos-Forschung, amazonische Mythen, Obstbaumpflege und Elektromotoren. Sechs Monate im Jahr arbeite er für den Stahl, fünf bis sechs Stunden am Tag, natürlich ohne Feier- und Landarbeitstage. Man müsse darauf achten, dass man trotz der Leidenschaft für das Metall nicht einseitig werde, sagte er mir. Als ich ihn fragte, wie er seinen aristokratischen Habitus mit seiner Arbeit im Stahlwerk in Einklang bringen könne, antwortete er lachend, die Kantine seines Stahlwerkes sei eleganter als dieses Kasino.

«Wir arbeiten, aber langsam, umsichtig und wenig. Was Du unter Arbeit verstehst, ist für uns ein vulkanisches Ritual. Wie das Anzünden einer Zigarre, das Entkorken des Champagners oder das Ausschlürfen von Austern. Diese Dinge müssen richtig gemacht werden.»

Nachdem er auch die Chips seiner Kollegin verspielt hatte, schlug er aufgeräumt vor, im Hotel «Eden», wo er logierte, ein letztes Glas Cognac trinken zu gehen. Eigentlich passte er perfekt zu diesem pompösen Kitsch voll

Marmor, Gold und Spiegel. Nur ein stolzer Produzent kann souverän den Luxus der spätbürgerlichen Dekadenz geniessen...

Wir tranken ein Glas auf das Chaos, eines auf die Arbeiterautonomie und eines auf die Bäume. Es war erst zwei Uhr.... ◆

Das Schild an einem Videospiel-kafe in Laduga täuscht.

Amberland hat auch eine reiche Vortragskultur. Die Vortragenden brauchen starke Nerven, denn sie werden oft und respektlos unterbrochen und werden häufig nicht fertig mit ihrem Vortrag, bevor das Ganze in einem Tumult endet. Du findest Vortragskünstler in kafes und Hotelsälen. Die grosse Vortragsstadt ist Yambur.

Die klassische Musik wird besonders in Morham gepflegt. In alten Kirchen und Palästen werden Konzerte gegeben, die oft für ambrische Verhältnisse umgeschrieben worden sind. Aus Symphonien, beispielsweise von Beethoven, wurden so Stücke für Quartette mit Bläser. Beliebt sind die Violinkonzerte von Brahms, interpretiert mit Mundharmonikas.
Die Pop-Musik ist sehr verbreitet und wird auch am Radio oft gesendet. Verschiedene Rockgruppen gestalten ihre Konzerte als wahre Wettbewerbe, die in wüsten Schlägereien ausarten können. Sehr gepflegt werden hingegen Tanz und Ballett in Laduga, der Stadt des «Luftigen».

Ein Schauspiel, das jeweils am 10. Tag stattfindet, wird auf den Promenaden aufgeführt. Jede Stadt hat ihre Promenierstrasse, auf der die neusten Modegags und die schärfsten Klamotten gezeigt werden. Alle machen mit. Wer sich nicht zeigen will, setzt sich auf eine der vielen Parkbänke und geniesst das farbenfrohe Spektakel. Besonders die Hafenpromenade von Talsum darfst Du nicht verpassen.

Bei schönem Wetter am 10. Tag gehen die Ambrer picknicken. An Flussufern, im Wald und in Pärken werden ganze Gelage veranstaltet. Nach dem Essen wird oft «bolo» – eine Art Boule – gespielt.

Sport wird in Amberland als Spiel und Unterhaltung betrieben. Fitness und Gesundheit gehören für die Ambrer in einen anderen Zusammenhang. Alle Sportarten werden irgendwo betrieben, sogar Autorennen. Da kein Geld mit im Spiel ist,

geht alles recht spielerisch zu und her. Eine Ausnahme ist allerdings das Cricket, die «nationale» Leidenschaft. Die Cricketspiele zwischen den Mannschaften einzelner burliks oder zwischen regionalen Auswahlmannschaften arten regelmässig zu Massenschlägereien zwischen den Fans aus. Nach dem Spiel zwischen Laduga und Talsum im November 1988 dauerten die Ausschreitungen drei Tage. Die siegreichen Talsumerfans zogen plündernd von burlik zu burlik. Als sich die Lage nach einem endgültigen Saufgelage beruhigt hatte, zählten die Laduger 3 Tote und 58 Verletzte auf ihrer Seite. Das Cricket dient als eine Art Aggressionsventil und wird von verschiedenen Gesellschaften stark kritisiert. Ein Verbot liess sich bisher nie durchsetzen, da befürchtet wird, dass die heissblütigen Fans der Criquet-Mannschaften das Land in einen regelrechten Bürgerkrieg stürzen könnten.. Falls Du bei einer anstehenden Partei nicht ganz sicher bist, welche Seite gewinnen wird, bleibst Du diesen Spielen besser fern, denn die Verlierer zahlen ihre Niederlage nicht nur mit Erniedrigung und Spott. Für die Gewinner werden gigantische Bankette hergerichtet.

In der Gegend von Danim gibt es veritable Lauf-burliks. Ihr Höhepunkt ist der Marathon von Danim Ende Oktober, der von mehreren zehntausenden von Läuferinnen bestritten wird. Auch Du darfst mitrennen. Bei den Läufern ist mitmachen wichtiger als gewinnen.

Im Dezember finden die Kamelrennen und die «fantasias» von Alsuk statt, die Du nur schon wegen des Jahrmarktes nicht verpassen solltest.

Die «Tour d'Ambrie» ist in jedem Frühling das Hauptereignis des Radsports. Fast nur einheimische Fahrer und Fahrerin-

links: Cricket-Stadium in Talsum
rechts: Der Spielplatz eines Kindergärtnerinnen-burliks in Morham.

s/w, Roboflex, 1/77, Blende 10, 55 mm Glozolux, Panatomic x. Mit freundlicher Genehmigung der fotoasosiasun Laduga.

nen nehmen teil. Daneben finden in jeder Stadt Amateurrennen statt, die zugleich Anlass für Volksfeste und Jahrmärkte sind. Schon oft schmückte ein rotes Fahrrad auf grünem Grund die Landesflagge. Die Velos sind so zahlreich wie die Ambrerinnen.

Wassersport ist überall leicht möglich. Nacktbaden ist im Süden problematisch, im Norden allgemein üblich.

Pauls Geschichte

Welche Anpassungsprobleme die ambrische Kaffeehauskultur mit sich bringen kann, zeigt die folgende Geschichte, die mir Paul, ein Elektromonteur aus Wettingen AG erzählt hat:

«Wir hatten gehört, dass in Amberland alles gratis ist und dass es keine Polizei gebe. Wir waren mittags in Laduga angekommen, hatten uns sofort einen Platz in einem burlik besorgt und setzten uns dann ins kafe «Temps modernes» am Gogrini-Platz. Ununterbrochen schoben die Kellner ihre vergoldeten Servierboys herum und wir be-

dienten uns grosszügig: Cognac, Whisky, Krebspasteten, Bier, Irish Coffe, Weisswein, Sardellen und so weiter. Wir langten richtig zu. Alles war ja gratis. Wir waren zu viert, alles Kollegen, und hatten eine super Stimmung. So ging der Abend zuende. Irgendwie müssen wir dann laut geworden sein, Stühle umgekippt und uns saumässig aufgeführt haben. Jedenfalls wurden wir gepackt uns recht unsanft auf die Strasse befördert. Zwar gibt es auf Amberland keine Polizei, aber die Leute packen umso ungenierter zu, wenn ihnen etwas nicht passt. Wir schafften es zurück in unser burlik und schliefen unsere Räusche aus.

Am nächsten Morgen wurden wir recht kühl behandelt. Unser Saufgelage mit seinen Folgen hatte sich schon überall herumgesprochen. Uns war nirgend mehr wohl. Dies abschätzigen Blicke! Wir beschlossen, uns zu entschuldigen, weil wir vom Goodwill der Leute hier abhängig waren und noch drei Wochen Ferien vor uns hatten. Also kehrten wir zum «Temps modernes» zurück und wandten uns an den Oberkellner. Auffallend war, dass viele Kellner vom Vortag heute Gäste waren. Der Oberkellner war ein sehr weiser, vornehmer Mann. Er nickte nur und reichte uns Putzzeug: wir sollen die Fenster putzen, dann sei alles vergeben und vergessen. Er erklärte uns, dass eine Geste unsererseits unseren Ruf wiederherstellen würde. Wir machten uns mit viel Elan an die Arbeit. Doch schon nach einer Stunde wurden wir zum Znüni in den Personalsaal geholt. Das war ein prächtiger Saal mit Spiegeln und allem drum und dran. Zwei Personalkellner bedienen dort die Kellner, Köche, Putzequipe etc. Es geht genauso gediegen zu und her wie im eigentlichen kafe. Ein Meeresfrüchteteller, Weisswein und Orangen wurden aufgetischt. Dabei hatten wir noch fast gar nichts geleistet. Zwei Stunden später waren alle Fenster geputzt und wir machten uns hinter die Spiegel. Aber zur Mittagszeit wurden wir nicht in den Personalspeisesaal gebeten, sondern ins Büro des Geranten. Auch er war ein würdiger alter Herr mit Bart und Goldrandbrille. Er schaute uns streng an:

«Ich muss Euch einen Verweis erteilen», sagte er, «Ihr habt dem Affront von gestern abend einen weiteren hinzugefügt. Ich weiss nicht, was ich Euch raten soll. Am besten, Ihr verlasst sofort die Stadt.»

Wir waren sprachlos. Wir hatten uns doch solche Mühe gegeben und recht gearbeitet.

«Wie meinen Sie das?»

«Auch das noch», sagte er traurig, «jetzt siezt Ihr mich noch.»

Damals wussten wir noch nicht, dass die Leute in Laduga sich in formellen Situationen und am 10. Tag generell duzen. Das «Du» kommt aus der französischen Revolution. Nur im Alltag, unter Freunden, bei Liebeserklärungen usw. wird das unkomlizierte «Sie» gebraucht. Der Gerant erklärte uns, dass wir in vier Stunden die Arbeit von zwei oder drei Tagen geleistet hatten und dass dies ein herber Gesichtsverlust für die arbeitende Bevölkerung von Laduga bedeute. Denn Arbeit gelte hier als gefährliche Droge, die nur in kleinen Dosierungen genossen werden dürfe.

Wir entschuldigten uns nochmals, aber das genügte nicht. So schlugen wir vor, zwei Tage lang so zu faulenzen, dass alle es sehen. Der Gerant war begeistert. Wir richteten uns im kafe ein, holten uns ausländische Zeitungen, Würfel und Karten und schoben eine richtig ruhige Kugel. Natürlich wurden wir aufs beste bedient. Als gebrannte Kinder achteten wir darauf, nicht zuviel zu trinken. Am ersten Tag passierte nicht viel. Am zweiten Tag waren die Leute schon etwas netter. Der Abend des dritten Tages brachte den Durchbruch. Man gratulierte uns, lobte die frischgeputzten Spiegel, unsere Lebensart und unseren Anstand. Gäste drängten uns, mit ihnen anzustossen. Besonders schmackhafte Häppchen wurden extra für uns aufgefahren. Wir machten viele interessante Bekanntschaften. Leider tranken wir wieder über den Durst und wären nicht einige verständnisvolle Freunde so aufmerksam gewesen, uns im richtigen Augenblick diskret in unser burlik zurückzubugsieren, es hätte ein böses Ende nehmen können. Aber wir hatten es geschafft. Von nun an gehörten wir dazu.»

Paul kehrte nach seinem Amberland-Aufenthalt nach Wettingen zuück und nahm seine Arbeit als Elektromonteur wieder auf. Aber schon nach drei Tagen lief er davon und ist jetzt seit drei Jahren als Kellner im kafe «Karthago» in Laduga tätig. Richtet ihm Grüsse aus, falls Ihr ihn trefft. ◆

KADI
VULK

Verkehr

Die Isckarerinnen sind sehr oft unterwegs. Das liegt daran, dass die zahlreichen fainus (Tauschabkommen) der burliks nicht nur reine Lieferverträge sind, sondern auch der kulturellen und der freundschaftlichen Kontaktpflege dienen. Deshalb reisen die Ambrerinnen zusammen mit den Verträgen und den getauschten Güter. Oft wird an Ort noch gefeilscht, um bessere Bedingungen auszuhandeln. Die persönliche Anwesenheit der Tauschpartner kann entscheidend sein. Zudem entziehen sich die Ambrer gern ab und zu dem Gruppendruck, der in den burliks herrscht, indem sie auch mit unbedeutenden Tauschverträgen auf Reisen gehen.

Das Verkehrssystem Amberlands mag zwar sehr unübersichtlich sein, aber es ist gut ausgebaut. Fahrpläne existieren keine. Trotzdem ist es möglich, in zwanzig Stunden um die ganze Insel zu reisen. Es kann allerdings auch drei Monate dauern. Versuche also nicht, einen Zeitplan für Deine Reise aufzustellen. Ich versuche nun,die verschiedenen Transportarten auf Isckar vorzustellen.

zu Fuss: in den Städten, zwischen den burliks, findest Du kaum etwas anderes als Fussgänger. Im Alltag können die Isckarer alles zu Fuss erledigen: Arbeiten und Wohnen fallen meistens zusammen. Kleine Fabriken und Werkstätten sind nicht weit. Die Isckarer achten auf gutes, massgeschustertes Schuhwerk. Jeder hat seinen eigenen Schumacher, genauso wie wir unseren Zahnarzt oder Psychiater haben. Lass Dir Schuhe machen, bessere wirst Du kaum mehr finden.

Ein Schuhmacher in Halvan verwahrt die Schuhmodelle seiner Kunden sorgsam im Gestell.

Ein Fahrrad wartet auf den Veloverteildienst in der Avenu Liberasiuni in Morham.

Velo: Das Velo ist ein sehr häufig benutztes Verkehrsmittel. Die Velos sind sozusagen öffentliches Eigentum, ausser es hängt ein doga dran. Die Städte verfügen über einen eigentlichen Veloverteildienst, da die Fahrräder die merkwürdige Tendenz zeigen, sich in den tiefergelegenen Stadtteilen anzusammeln. Auf dem Land findest Du robuste Mountain Bikes, mit denen Du fast überall durchkommst. Aufgepasst: auf dem Land sind die meisten Velos doga. Selbstverständlich kannst Du Dein eigenes Velo mitbringen und ein doga lösen. Überall findest Du die roten Postvelos (Eingänger). Fahrräder können auch im Zug oder im Bus mitgenommen werden.

Bahn: Die isckarische Eisenbahn besteht im wesentlichen aus einer Rundstrecke dem Meer entlang, die girodrom genannt wird. Dann führen einige Nebenlinien ins Landesinnere, darunter die Linie quer durch den Elbur mit einem 15 km langen Tunnel. Das Schienennetz stammt aus den letzten Jahren des 19. Jahrhunderts. Die Eisenbahn hat nie rentiert.

Die girodrom-Züge fahren rund um die Insel in beiden Richtungen. Du steigst irgendwo ein und bist in zirka 24 Stunden wieder zurück. Die Züge fahren unregelmässig, aber in der Regel mindestens einmal täglich. Über Tel. 999 kannst Du Deinen Wunsch anmelden und die zentrale Dispositionsstelle in Talsum teilt Dir mit, welcher Zug Deinen Wünschen am nächsten kommt. Auf vielen Stationen stehen Reservewagen, die angehängt werden, wenn der Platz knapp wird. Von den grossen Depots aus können auch Extrazüge gestartet werden. Dieses Bedarfssystem funktioniert sehr gut. Es wurde eingeführt, um Energie zu sparen.

Jede Zugkomposition führt auch mehrere Packwagen – die Isckarer reisen immer mit viel Gepäck, da die meisten in irgendwelchen Tauschgeschäften unterwegs sind. Schlafwagen, ein Kaffeewagen mit Radio und ein oder mehrere Speisewagen gehören zu jedem Zug. Das Essen wechselt je nach Gegend, denn die Züge werden an bestimmten Bahnhöfen von den zuständigen burliks beliefert: Apfelkuchen in Ambar, Würste bei Prisogi, Reis in Laduga, überall frische Fische und Gemüse. Oft darfst Du in der Küche mithelfen. Wenn Du dazu eingeladen wirst, tu es. Jeder Zug ist ein fahrendes burlik mit wechselnder Einwohnerschaft.

Folgende Doppelseite: Die Ambrische Eisenbahn fährt über Stock und Stein (Photo 1891).

Das hängende burlik Obotai bei Iso kann mit der Schwebebahn erreicht werden.

Während der girodrom ein nationales Unternehmen ist und von der Inselversammlung betrieben wird, sind die Nebenlinien regionale Anstrengungen. Je nach den örtlichen Gegebenheiten fahren sie elektrisch, mit Dampf, mit Holzvergasern oder neuerdings mit Wasserstoffmotoren (Mugura – Bani). Der Anschluss an den girodrom sollte gewährleistet werden. Mit der Bahn kommst Du auf der ganzen Insel mindestens bis 30 km an Dein Ziel heran. Diese restlichen 30 km bedeuten sechs Stunden Fussmarsch oder zwei Stunden Velofahren. Aber natürlich bieten sich weitere Verkehrsmittel an.

Ein Halt

Auf der Nebenlinie zwischen Shesti und Limas hält der Zug beim Ohr der Welt.

Es geschah an einem Septembertag im girodrom-Zug zwischen Shesti und Limas. In unserem Abteil hatte sich eine angeregte Plauderei zwischen einem älteren Paar aus dem Nord-Lugdan und drei Touristen entsponnen. Simun und Klara waren auf dem Weg zu einer Tagung der Bodenerhaltungsgesellschaft in Vilya. Plötzlich hielt der Zug

auf offener Strecke an. Ich öffnete die Abteiltür. Wir standen inmitten eines Kohlfeldes. Eine Stimmung der vollkommenen Ruhe und Fülle lag über der Landschaft.

«Was ist los?» fragte Leo, der Tourist aus Belgien.

«Das Omaho-doga», erklärte Simun, «das Lokpersonal hinterlegt eine Opfergabe in der mythischen Omaho-Höhle, dem Ohr der Welt.»

Tatsächlich konnte ich eine Dreiergruppe aus dem Kornfeld auftauchen sehen. Die Männer trugen rote Kepis und blaue Uniformen. Es handelte sich also nicht um eine der üblichen Ausreden für eine Strompanne.

Simon erklärte ernsthaft: «Es wäre ein ziemlicher Affront, wenn wir mit 80 Stundenkilometern über das Ohr der Welt hinweggerast wären.»

Wir nickten. Der Zug fuhr behutsam an und rollte an dem Loch vorbei, das aussah wie eine Kalksteingrotte.

«Was wird hier geopfert?» fragte ich interessiert.

«Ein Ohr.» Simon war völlig ungerührt.

Ich griff mir unwillkürlich an den Kopf. Meine Ohren waren noch da.

«Ein Lammohr natürlich», beruhigte Simun.

«Gleich zu gleich», sagte Klara, «ein Lammohr ins Erdohr. Das Opfer muss stimmen. Sonst fällt die Welt auseinander. Wer will das schon?»

Sie schaute uns fragend an. Wir schüttelten langsam den Kopf. Später fragte ich Simun, ob er wirklich an die Weltohr-Geschichte glaube.

«Alles Mumpitz», sagte er schmunzelnd, «aber doga ist doga. Das Weltohr-Opfer wurde mit Streiks mühsam erkämpft. Es weckt gute Gefühle.» ◆

Bus: Von den Bahnhöfen aus verkehren Busse in die nähere Umgebung. Sie warten in der Regel auf die eintreffenden Züge. Die Städte unterhalten eigene Buslinien oder ein Tramnetz. Haltestellen sind mit einem roten, quer durchgestrichenen Kreis markiert. Der Wirt des Kaffehauses in der Nähe weiss, wann etwa mit dem nächsten Tram oder Bus zu rechnen ist. Die burliks haben oft ihre eigenen Transportmittel. Kleine Busse, Lastwagen und Fuhrwerke nehmen Dich gerne mit.

Schiff: entlang der Küste, im Seen-Kanal-System des Larskura, in den Lagunen und auf einigen Flüssen verkehren Fähren, Lastkähne, Wasserbusse (Laduga), Passagierschiffe etc.

Tiere: auf dem Land triffst Du viele Pferdefuhrwerke, Esel, Maultiere, ja sogar Kamele an. Im Bentar und Tasari reitest Du auf dem Esel von Post zu Post, weil keine Busse verkehren. Nach Naum kommst Du nur zu Fuss oder per Pferdekutsche ab Halvan, wo Autos doga sind. Pferdekutschen verkehren auch in Seitentälern ab Ckar, Albo und Iso.

In Menzuri wird die Maisernte eingebracht.

Autos: Auf Isckar sind einige sehr schöne Autos noch fahrend zu sehen: alte MGs, nachgebaute Chevrolets aus den 40ern, Bugattis, Packards, alte Rolls Royces u.a. Die Automobilassoziation unterhält Werkstätten, Garagen und Verleihzentralen in vielen Städten. Sie betreibt auch eine kleine Autofabrik bei Talsum, wo in Einzelanfertigung meist geländegängige Lastwagen produziert werden. Die Oldtimers in Isckar sind mit Sicherheit die schönsten der Welt. Sie werden unter den Mitgliedern der Automobilassoziation verliehen und getauscht oder zirkulieren wie Bücher und Kunstobjekte in kula-Kreisen.

Daneben verfügen auch die burliks über eine bescheidene Zahl von Lastwagen und Kleinbussen. Das Problem ist die

Benzinbeschaffung. Die Benzinzuteilung an die Bezirke erfolgt gemäss den Beschlüssen der Inselversammlung. In den Bezirksversammlungen wird endlos gestritten, wer wieviel bekommt. Die Kriterien sind: Notwendigkeit, Wünschbarkeit, Ersatzmöglichkeiten. Die Streitereien ufern aus und oft ist am Schluss das Problem vergessen gegangen.

In verschiedenen Gegenden und heute vermehrt sind Motorfahrzeuge doga, vorallem in der Region Munt Alun und im ganzen 5. Bezirk. Auch in der Gegend von Keriko haben Motoren nichts verloren. In den Städten gibt es oft zeitlich beschränkte dogas, z.B. am Morgen. Motor-dogas werden auf dreieckigen gelben Schildern angezeigt. Ausnahmen vorbehalten gilt in Amberland Rechtsverkehr.

Einer der vier Autosammlungen in Laduga umfasst genau zwei Objekte: VW Abarth und Volvo SLS.

Flugzeug: Bei Talsum und Yambur werden die Pisten aus dem 2.Weltkrieg für Notlandungen instand gehalten. Aber es gibt keinen Linienflugverkehr. Über die Luftfahrt ist seit 80 Jahren eine lebhafte Debatte im Gang. Die Gegner der Fliegerei berufen sich auf Karl Kraus, der 1908 in der «Fackel» erklärte: «Den Weltuntergang aber datiere ich von der Eröffnung der Luftschiffahrt». Seither haben Fluggegner alle Versuche, eine ambrische Luftlinie einzurichten konsequent hintertrieben und sind im 2.Weltkrieg auch nicht vor Sabotageakten gegen die zwischenlandenden Bomber der US-

Streitkräfte zurückgeschreckt. Auf der anderen Seite setzt sich die ambrische Flugassoziation für ein ambrisches Luftfahrwesen ein, dass allerdings nur mit ausländischer Hilfe auf die Beine gestellt werden könnte. Die beiden Fraktionen sind in der ambrischen Nationalversammlung etwa gleich stark vertreten, während die übrigen Delegierten sich angesichts dieses Boden-Luft-Kampfes ziemlich indifferent zeigen. Aus diesen Umständen ist auch die etwas bizarre Entwicklung der ambrischen Versuche, doch flügge zu werden, zu verstehen. So pflegen die ambrischen Flieger ein Dutzend DC 3, die auf verschiedenen Notflughäfen stationiert sind. Die Ersatzteile werden in Handwerksarbeit nachgebaut, so dass die Maschinen sozusagen neu sind. Mit einem Minimum an Trainingsflügen sollten die Pilotinnen à jour gehalten werden. Die DC 3 werden für Versorgungsflüge im Winter oder für Elbur-Rundflüge für Kinder eingesetzt. Die Spitäler verfügen über Helikopter, die nach den Plänen aus den 30er Jahren des Helikopter-Pioniers Sikoski in Isckar hergestellt werden, aber im Ruf stehen, dass man als Patient mit ihnen schnell und endgültig in den Himmel kommt.

Zu dieser Darstellung der ambrischen Luftfahrtfrage setzt der Autor ein grosses Fragezeichen.

Deltasegeln und Fallschirmgleiten sind hingegen sehr populär in Isckar. In den Berggebieten findest Du die einschlägigen Ausleihzentren fast überall. Auf mehr spielerische Art arbeitet die Flugassoziation an einem Zeppelin mit Tretvorrichtung. Mit 25 Passagieren, die fleissig pedalen und damit einen Propeller antreiben, soll laut ihren Berechnungen das 70 Meter lange und 30 Meter hohe Ungetüm mit dem Namen «Berta I.» 5,8 Stundenkilometer erreichen. Erste Probeflüge sind auf den Frühling 89 geplant.

Erstaunlich schnell ist der Prototyp des ambrischen Zeppelins.

11.

Yambur

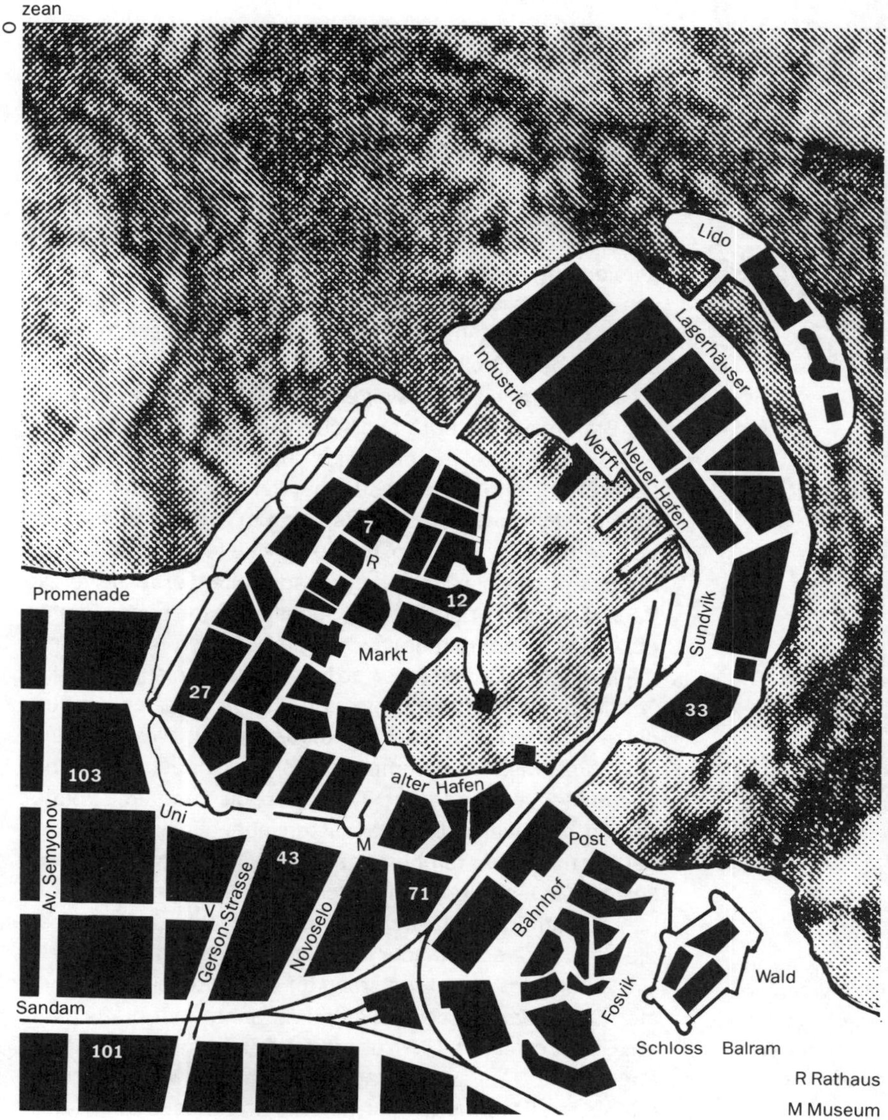

Ozean
Lido
Lagerhäuser
Industrie
Werft
Neuer Hafen
Sundvik
7
R
12
Promenade
Markt
27
33
103
alter Hafen
Uni
Post
M
43
71
Av. Semyonov
V
Gerson-Strasse
Novoselo
Bahnhof
Wald
Fosvik
Sandam
101
Schloss
Balram
R Rathaus
M Museum

Yambur, die Drachenstadt, ist geprägt durch das Meer und den feuerspeienden Narpir. Der Vulkan ist aktiv und manchmal liegt ein schwefliger Geruch über der Stadt. Dafür hat die nördlichste Stadt Isckars keine Heiz- und Energieprobleme. Geothermische Kraftwerke sorgen für den Strom und ein dichtes Netz von Heisswasserleitungen für die Heizung und das Brauchwasser.

Die Stadt wurde 860 von den Wikingern neu gegründet. Der Handelsplatz wurde schnell berühmt für seine Felle, Bernstein, Kristalle und den feinen Honig. Das Gebiet um den Hafen war recht sumpfig und die flache Insel Sundvik konnte lange nicht besiedelt werden. Der Name Yamburg geht entweder auf Yamo oder Yan (Johann) zurück. Die Wikingersiedlung bestand aus einfachen Holzhäusern, umgeben von einem Palisadenzaun, der vor den häufigen Überfällen durch die Bergstämme schützen sollte. Schliesslich wurde auf dem benachbarten Hügel die Fluchtburg Balram errichtet, die leichter zu verteidigen war. Balram wurde zugleich der Stammsitz der normannischen Könige.

Die Geschichte Yamburs wird durch den Gegensatz zwischen Burg und Stadt bestimmt. Händler und Reeder bemühten sich, ihren Handlungsspielraum gegenüber den adligen Herren auszudehnen. Bald entwickelte sich das örtliche Handwerk, was die Position der Stadt weiter verbesserte. Die Raubzüge und Überfälle der Sachsen, Sarazenen, Piraten etc. liessen aber immer wieder den Ruf nach Schutz durch die Truppen der adligen Herren laut werden. So entstand eine Pattsituation zwischen Hügel und Sumpf, die über Jahrhunderte andauerte. Die Auseinandersetzungen zwischen Geld und Ehre, zwischen Hammer und Schwert, haben die yamburische Mentalität geprägt. Typisch ist die Lust am Streitgespräch, das Denken in Gegensätzen, aber auch die Angst vor der Synthese. Die Yamburer gelten als Querulanten, Dialektiker, ewige Debattierer. Im Gegensatz zu Laduga und Talsum kannte Yambur nie Zeiten vollständiger Autonomie. Waren die Umstände schuld oder die Angst vor Selbständigkeit?

Blick auf den Hafen von Yambur. Der Dreimaster «Isana» wird für die nächste Fahrt nach Samoa beladen.

Die heutige Altstadt entstand im Spätmittelalter. Die meisten Gebäude wurden im 17. und 18. Jahrhundert aus grauem Granit errichtet. Die früheren Holzbauten waren oftmals abgebrannt. Der graue Granit mit den Fachwerkstrukturen der oberen Stockwerke gibt Yambur ein etwas strenges Aussehen. Diese Kargheit wurde auch beeinflusst durch die Reformation, die durch den Kleriker Norbert Lingam eingeleitet wurde. Lingam, ein von Calvin inspirierter Geistlicher, führte ab 1587 ein strenges Regiment in Yambur. Berüchtigt ist seine Ausrottungskampagne gegen die Feuertretersekte. 300 Feuertreter starben einen entsetzlichen Tod in den Schlünden des Vulkans Narpir. Einige wenige konnten sich ins Gebirge retten, wo ihre Nachkommen heute noch zu finden sind. Die Statue zu Ehren von Lingam steht heute zwischen Rathaus und Münster.

Herzog Gerson der Vierte beendete Lingams Theokratie, machte jedoch die Reformation nicht rückgängig und beliess die Sittenmandate in Kraft. Ein berühmter Yamburer ist auch Per Kolvansson, der 1783 auf Entdeckungsreisen in den Südpazifik fuhr. Die Welt verdankt ihm die «Entdeckung» von Niue (er nannte es Isana). Kolvansson brachte verschiedene exotische Pflanzen nach Hause, die heute noch im botanischen Garten und in den geothermischen Wintergärten von Arsfors (10 km südlich von Yambur) besichtigt werden können. Die Kontakte zur Südsee sind seither nie abgebrochen, weshalb auch heute noch viele burliks fainus mit Südseedörfern in Samoa, Fiji und Tonga unterhalten. In Neuseeland gibt es in

Yambur.

der Umgebung von Rotorua eine grosse yamburische Kolonie, die auf Auswanderungen Ende des 19.Jahrhunderts zurückgeht. 1819 blieben nach der russischen Besatzungszeit ungefähr 2000 russische Soldaten in Yambur. Später zogen ihre Familien nach und es entstand eine russische Kolonie von etwa 10'000 Personen, die damals etwa einen Drittel der Stadtbewohner ausmachten. Das Quartier ausserhalb der Stadtmauern, das ihnen zugewiesen worden war, heisst Novoselo (=Neudorf). Heute noch ist dort der russische Einfluss deutlich zu sehen. Auch in anderen Bereichen ist der Beitrag der Russen an der Entwicklung Yamburs bemerkenswert. Nicht nur werden in den burlik- und Stadtteilbäckerein 30 Brotsorten feilgeboten, sondern auch Yoghurt, ein besonders schwerer Käsekuchen, Kohlsuppen, Fischsalate usw. gehen auf die russische Küche zurück. Die yamburischen Russen nahmen in der Folge viele Flüchtlinge und Emigranten aus ihrer Heimat auf. Narodniki, Anarchisten, Sozialrevolutionäre, christliche Sektierer und andere kamen in die Stadt. Parteien wurden gegründet, weltanschauliche Zirkel schossen wie Pilze aus dem Boden, Debattierklubs verzeichneten einen regen Zulauf. Friedrich Engels kam mehrmals zu Besuch und hielt Vorträge, die von den anwesenden Anarchisten mit Hohngelächter quittiert wurden. Bei einer Keilerei am Schluss eines Vortrages verlor Engels einige Barthaare, die heute im Museum der yamburischen marxistisch-leninistischen Partei besichtigt werden können. Wahrscheinlich haben ihn die umliegenden Geysire zu dem Spruch von der «Autorität des Dampfes» angeregt. Lenin und Bernstein besuchten Yambur und hinterliessen eine Schar von Anhängern, die in Fraktionskämpfen erbittert miteinander stritten. Die nihilistische Tradition ist heute noch lebendig, wie viele der im 19. Jahrhundert entstandenen Gesellschaften und Assoziationen. Als einzige Stadt Isckars hat Yambur eine grosse Punkszene. Die Rebellion gegen die nie endenden Diskussionen der Väter und Grossväter mag der Grund sein. Die Russen und die anarcho-nihilistisch-sozialistische Szene haben Yambur auch zu einem Zentrum des Buchdrucks gemacht.Die yamburische Buchmesse im Oktober ist das Buch-Hauptereignis auf Isckar. Während in Yambur am Ende des 19. Jahrhunderts die politischen Diskussionen hohe Wellen schlugen und Dutzende von Büchern über Rätekommunismus («Was essen Räte?») geschrieben wurden, bemühten sich die Leute in Talsum, Tablash, Morham und anderen Orten um praktische Lösungen. Die ersten fainus wurden aufgebaut und burliks eingeführt, als man in Yambur immer noch über Grundsatzfragen debattierte.

Als schliesslich in den 30er Jahren beschlossen wurde, burliks einzuführen, geschah dies nicht allmählich und organisch, sondern ganz schematisch und künstlich. Die Quartiere wurden in burliks eingeteilt, Land zugewiesen, Fragebogen verteilt. Merkwürdigerweise funktionierte dieses rigide Vorgehen. Einige burliks zerfielen zwar wieder, aber die meisten überlebten und zerbrachen die bürokratische Eierschale ohne Probleme. Eine burlik-Assoziation half den Gemeinschaften beim Aufbau selbständiger Haushaltungen. So ist Yambur die einzige Stadt, wo die burliks statt Namen Nummern tragen.

Zentrum der Stadt ist der schöne, am alten Hafen gelegene Markt mit seinen Cafés, Hotels, Salons und Theatern. Ein Spaziergang durch die Altstadtgassen lohnt sich.

Zwischen der Altstadt und Schloss Balram liegt das unter Stadtkommissar Bulgakin erbaute Naturhistorische Museum (1887). Dort befindet sich die berühmte, in Bernstein konservierte Biene. Ausgestopfte Bären, ein Blauwalmodell in Lebensgrösse (30m lang), Brontosaurierskelette, lebende Galapagosschildkröten und die Mineraliensammlung sind andere Attraktionen.

Jenseits der Bahnlinie liegt die Burgstadt. Eine gewundene Strasse führt durch den Schlosspark nach Balram, das heute ein burlik beheimatet. Seine Bewohner sind teilweise Nachfahren der Herzöge und Könige von Yambur. Vom Schlossturm ist die Aussicht über die Stadt zu bewundern. Im burlik wird überdies ein fabelhafter Kakao aus Samoa serviert. Die Dracheninsel Krogi kann per Boot vom Fosvik-burlik Salpar aus besucht werden. Hinter dem alten Wach- und Leuchtturm befinden sich die Drachenfussspuren auf einer Felsplatte. Dort soll der Drache Krogi den Hafeneingang bewacht haben.

Im burlik 27 in der Altstadt wird eine ausgezeichnete überbackene Fischsuppe serviert. Das burlik 12 in der Nähe des Marktes ist bekannt für seine Schweinshaxen mit Kraut. Das burlik 33 in Sandvik unterhält enge Beziehungen zu Island und besitzt alte Edda-Manuskripte. Flambierte Kalbsnieren werden im burlik 7 hinter dem Rathaus zubereitet. In Novoselo findet sich guter alter Wodka, beispielsweise im burlik 71, zusammen mit den Blintzis probieren! Schachspieler besuchen die burliks 43 oder 101, alle in Novoselo gelegen. Jeden Abend veranstaltet das burlik 63 zwischen altem Hafen und Bahnhof Klavierkonzerte.

Diskussionen und Vorträge finden täglich um halb neun abends in der Universität an der Avenue Semyonov 103, im Café Morosin am Markt, im Volkshaus, im mutualistischen Club in Novoselo und im hinteren Saal des Restaurant Narval statt.

Sommernachmittage lassen sich angenehm am Lido mit seinen Casinos, Cafés und Eishallen verbringen. Im Winter sind heisse Thermalbäder in Arsfors (Bus ab Bahnhof) oder Liegekuren in den Bretahöhlen, die gegen Depressionen wirksam sind, angesagt.

Die Punks treffen sich abends 11 Uhr bei der Gerson Eisenbahnüberführung und veranstalten laute Konzerte in einigen Schuppen entlang der Bahnlinie. Damit stören sie das burlik 101 beim Schachspielen. Da die Punks burliks und Assoziationen ablehnen, bzw. keine Meinung dazu haben, gibt es weder Punk-burliks noch Punk-Vereine. Die meisten arbeiten in den Fischfabriken oder im Velorückführdienst.

Die Wendeltreppe im Leuchtturm auf Krogi vor Yambur ist per Boot erreichbar..

Kapitän Loran mit seinem Kakadu «Luki» und dem Papagei «Raudi».

Isi und Eka

Alle zwei Monate fährt Kapitän Loran mit seinem kleinen Fischkutter zur Insel Isi mit einem einzigen burlik, Isibur. Wenn Du Dich gerade in Yambur befindest, kannst Du ihn fragen, ob er Dich mitnimmt. Er ist meistens abends um sechs Uhr im «Boyo nugot» (Blauer Eber) am alten Hafen anzutreffen, wenn er nicht gerade auf See ist. Sein Schiff, die «Bertulla», benötigt für die 200 km etwa einen Tag. Ausser einem Dutzend Passagieren führt es Güter des täglichen Bedarfs mit auf die Insel, wobei die Fracht recht einseitig zusammengesetzt ist – doch darauf komme ich noch. Falls Du unter Seekrankheit leidest, kann diese Fahrt eine schreckliche Angelegenheit werden.

Sobald die «Bertulla» im kleinen Hafen von Isibur anlegt, macht sich der burlik-Chor bereit. Nach einigen Chorälen werden die ankommenden Verwandten und Bekannten mit Muschelketten behängt. Auch die fremden Besucher werden aufs herzlichste begrüsst. Anschliessend kom-

men Männer und Frauen des burliks an Bord und bringen die Kisten ins Posthaus am Hafen. Von dort werden andere Kisten aufs Schiff verladen, denn später ist das nicht mehr möglich.

Was sich dann abspielt, kann man verschieden einschätzen. Die Ethnologen sagen, die Isiburer folgten einem aussergewöhnlichen «naimu» (Lebensregel, kulturelle Identität) und könnten gar nicht anders. Andere werden die isolierte Lebensweise als Erklärung anführen. Was geschieht, ist folgendes: die Isiburerinnen, die Minderjährigen ausgenommen, stehen vor dem Postbüro Schlange und nehmen ihre Gallone Whisky (4,5 Liter) in Empfang. Whisky ist tatsächlich der Hauptteil der Ladung auf der «Bertulla». Innerhalb weniger Stunden wird der Whisky getrunken, zunächst in Begleitung von Tanz und Musik und schliesslich in aller Stille, bis es ganz ruhig wird auf Isi.

Seit jeher tauschen die Isiburerinnen ihre eingemachten Krabben gegen Whisky aus Grondal. Was sie sonst noch zum Leben brauchen, produzieren sie selber. Ihre geothermisch geheizten Gewächshäuser liefern auch Gemüse im Winter. Die Insel Eka besteht aus einer grossen Schafweide und dient als Fleischkammer. Energie ist kein Problem. Die Isiburerinnen verbringen die meiste Zeit mit der Krabbenzucht. Dazu unterhalten sie eine kleine Fabrik, wo das Krabbenfleisch in Glasterrinen abgefüllt und sterilisiert wird. In Grondal wiederum gelten Isibur-Krabben als unverzichtbare Delikatesse zum Feierabend-Whisky. So kam auch der Tauschhandel Whisky gegen Krabben zustande, der für beide Partner gerade aufgeht. Kapitän Loran muss nur achtgeben, dass die Krabbengläser verladen werden, bevor mit der Whiskyausgabe begonnen wird. Für Dich als Besucherin bedeutet das allerdings auch, dass Du zwei, drei Tage nur Kinder und Katzen zu Gesicht bekommst. Hunde gibt es keine auf Isi und Eka. Du kannst auch mit Kapitän Loran sofort wieder in See stechen, aber das wäre schade.

In der Regel haben die Isiburerinnen in der Post für die angekündigten Gäste die Zimmer gerichtet und ausreichend für Speis und Trank gesorgt. Einige Kinder helfen dem Gast, sich auf der Insel zurecht zu finden. Sie imitieren die Erwachsenen, was überaus lustig ist. Besonders

Vier Tage nach dem Auslaufen der Bertulla hat dieser Isiburer Fischer einen Kater.

wenn sie den Besuchern vorspielen, was mit ihren Eltern passiert, wenn die «Bertulla» anlegt, sorgen sie für wahre Lachorgien.

Isibur ist ein kleines Fischernest, das aus einigen Reihen hübscher Granithäuser besteht. Treffpunkt ist die Post mit dem Schankraum, Gästezimmern, Büro, Bibliothek, Videoraum und Schule. Wenn nicht gerade «Bertulla»-Zeit ist, spielt sich dort ein gemütliches Gesellschaftsleben mit Kuchen, Tee und Kartenspiel ab. Aber kein Tropfen Alkohol ist dann aufzutreiben. Neben der Teilnahme am geselligen Leben lohnt sich ein Spaziergang zu den Geysiren und heissen Quellen im Innern. Das zum Teil schwefelhaltige Wasser hat dort skurrile, bunte Gebilde geschaffen, die an Mondlandschaften aus billigen Science-Fiction-Filmen erinnern.

Du kannst Dir die Zeit (rechne mit 8-10 Wochen) auch vertreiben, indem Du mit den Fischern hinausfährst oder indem Du beim Krabbeneinmachen hilfst, ebenfals eine recht gemütliche Angelegenheit mit Liedern und Spässen. Oder Du fährst zu den Schafen nach Eka und hilfst bei der Schur oder beim Verladen der Tiere. Eka ist eine Art grüner Rasentisch, der genau so gross ist, dass er sovielen Schafen Futter gibt, wie die Isiburer für ihre Kleider und ihren Fleischkonsum benötigen. Das ökologische Perpetuum mobile ist allerdings auf den Dünger aus Isiburs Haushalten angewiesen.

Wenn «Bertulla» wieder einläuft, kannst Du Dich entscheiden, ob Du bei dieser Runde dabeisein willst oder nicht. Auch Du hast Anrecht auf eine Gallone 12-jährigen «Grondal Barfur»: der beste Whisky, den ich kenne. Oder Du schiffst Dich wieder ein nach Yambur, ohne Whisky. Es wird gemunkelt, dass die Bewohner sich aus den Seekranken zusammensetzt, die aus Angst vor der Rückfahrt auf der Insel geblieben sind. Jedenfalls musst Du Dich entscheiden. Deinem Magen passen beide Möglichkeiten nicht. ◆

Dieser Salzstein inmitten der Schafweide auf Eki war vor 20 Jahren doppelt so gross.

12.

Laduga

Laduga ist eine Stadt zwischen Wasser und Wolken. Kein Zufall, dass sie für ihre Soufflées berühmt geworden ist. Städtebaulich könnte Laduga als Kombination zwischen Venedig und Monemvasia bezeichnet werden. Drei Städte sind in Laduga verschmolzen: die Oberstadt auf dem Felsen, die Inselstadt drum herum und die Festlandstadt Ladugadas. Zwischen den Städten existiert jeweils nur ein Zugang: der Damm, der durch eine Zugbrücke unterbrochen werden kann, und die befestigte Zugangsstrasse am Südhang des Felsens, die durch sechs Tore führt. Laduga konnte nie erobert werden. Da die Stadt aber auf ihre Kontakte nach Aussen angewiesen war, hat sie sich immer um Verhandlungslösungen mit den Belagerern bemüht, bevor es zum Letzten kam, und sich nie ganz auf ihre unangreifbare militärische Position verlassen.

Laduga ist im 9.Jahrhundert von Flüchtlingen aus den verschiedensten Ländern gegründet worden. Etwa zwei Dutzend Familien übten über Jahrhunderte die Herrschaft «demokratisch» aus. Ihre Paläste stehen heute noch in der Oberstadt. Einige burliks identifizieren sich immer noch mit den alten Familien. Doch das System der Clanherrschaft brach schon anfangs des 19.Jahrhunderts zusammen. 1799 hatten sich die Handwerker, Kontoristen, Hafenarbeiter und Fischer der Unterstadt gegen ihre Herren erhoben und deren Machtmonopol zerbrochen. Nur die Interventionen der napoleonischen Truppen und der englischen Flotte ermöglichten den alten Clans eine zeitweilige Rückkehr an die Macht. In Laduga verbindet sich ein stark republikanisches, an der französischen Revolution orientiertes politisches Leben mit dem burlik-System, das sich allmählich aus den alten Nachbarschaftsverbänden der Handwerker entwickelte. Gewisse Laduger, die nicht aus Handwerkerkreisen stammen, sprechen manchmal von «ihrer Pension» und meinen ihr burlik, denn sie halten burliks für reine Zweckverbände und verbringen ihre Zeit in den Cafés, Restaurants und Theatern der Stadt. In Laduga bestehen eine Reihe von burliks, die hotel-

Luftige Holz-Stein-Konstruktionen in Laduga.

artig organisiert sind und kaum ein Innenleben oder eine Identität kennen. So etwa Cosmu, Pensiun X, Langusta, Gorio, Orion. Grosse Teile der Lebensmittelversorgung hat die Stadt den Einzel-burliks abgenommen: Bäckereien, Rotisserien, Kantinen und zahlreiche Landgüter auf dem Festland werden von der Stadt betrieben. Laduga ist mehr als die anderen isckarischen Städte schon selber ein Gross-burlik, eine enge Gemeinschaft mit eingespielten Regeln.

Charakteristisch für die vulkanische Landschaft um Laduga sind die markanten Felskuppe.

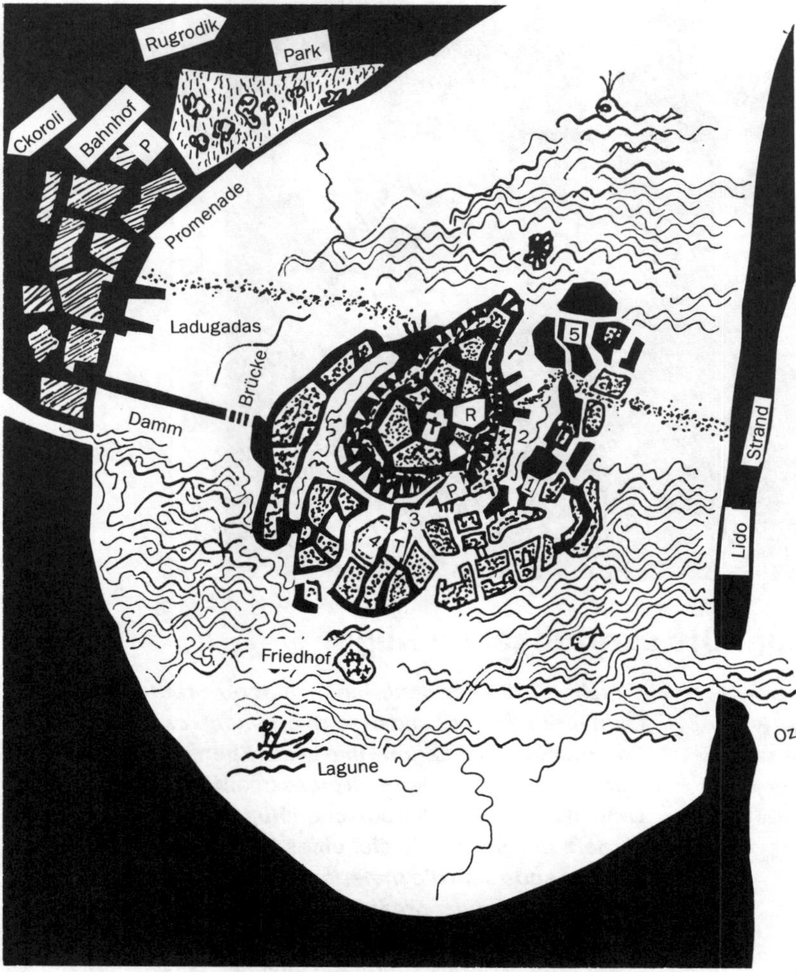

Die Ladugerinnen stehen spät auf, verlassen ihr burlik sofort und versammeln sich in Bars und Cafés zum Espresso. Sie gehen bis mittags zwei oder drei Uhr ihren Beschäftigungen nach, essen zu Mittag und arbeiten noch einmal von fünf bis sieben. Der wichtigste gesellschaftliche Anlass ist das Diner, das mit seinen Fortsetzungen bis nachts zwei Uhr dauern kann. Dazwischen liegen Theater- und Kinobesuche.

Ausflug: Die ckorodischen Hügel

«Spiegel des Vergil» wird diese Parkanlage im Sommersitz des burlik «Silvar» in den Ckorodischen Hügeln genannt.

Mehr als die Bewohnerinnen anderer Städte nutzen die Ladugerinnen ihre Landsitze zu Erholungszwecken. Da der Sommer über der Lagune und in der Ebene recht drückend werden kann, befinden sich diese luxuriös ausgestatteten Landsitze auf den ckorodischen Hügeln, etwa 20 km ausserhalb der Stadt. Als Ziel eines Veloausfluges an einem Wochenende sind die malerischen Hügel bestens zu empfehlen. Die Laduger organisieren auch Fahrten mit Pferdekutschen und mit Schiffen auf dem Lugdan-Kanal.

Am besten borgst Du Dir ein Velo bei der Post am Bahnhof von Ladugadas und fährst dann über die Ebene Richtung Westen. Bald wirst Du die 23 Hügel ziemlich abrupt aus der Ebene emporragen sehen. Links und rechts siehst Du die grossen kommunalen Getreide- und Kartoffelfelder und Weiden. Die burliks kümmern sich nur noch um Gemüse, Obstbäume, Reben, Hühner, Fische usw. Die einzelnen Landgüter sind daher eher klein (um 2o Hektaren).

Am Fusse der Hügel deponierst Du Dein Fahrrad in der Post des kleinen Fleckens Mikastu, dessen schönes Was-

serschloss Du besuchen solltest. Den Rest gehst Du zu Fuss. Verschlungene Wege führen durch das Hügelgebiet, das einem riesigen Park ähnlich sieht. Zwischen steilen Bergen, die auf ihren Gipfeln oft nadelartige oder gezackte Felsformationen tragen, liegen Ebenen, Seen Schluchten oder «verwunschene Täler». Schwindelerregende Hängebrücken führen über tiefe Schluchten. Dann wiederum wird die Gegend lieblicher: Reben an den Südwesthängen, terrassierte Gärten, Obstkulturen, Fischteiche. Besonders schön sind die Loggias und Arkaden des burlik Kaladia am Südhang des Hügels Dolmudan. Das burlik Basmak hat ein ehemaliges Kartäuserkloster auf dem Hügel Lokmunoz übernommen, wo Gemüse in 64 Einzelgärten angepflanzt wird. Eine Spezialität sind die gebratenen Tauben mit Mandelquarkfüllung.

Zwischen den Landsitzen und den Gärten befinden sich ausgedehnte Kastanien-, Nuss- und Buchenwälder. Ein Netz schattiger Wege durchzieht diese Wälder, so dass Du stunden- oder sogar tagelang herumwandern kannst. In den Grotten findest Du kühle Bäder. Auch Wasserfälle mögen der Erfrischung dienen. In der grössten Grotte im Hügel Ustmar kannst Du die berühmten Höhlenmalereien besichtigen, die aus paläolithischer Zeit stammen.

Bist Du durstig, findest Du eine Quelle in Deiner Nähe. Alles Wasser in den ckorodischen Hügeln ist Trinkwasser. Oder Du gelangst zu einem Weinkeller, wo Du den ckorodischen Weisswein degustieren kannst. Übernachtungen sind problemlos, vorallem unter der Woche. In der Tradition, die auf den römischen Odendichter Ämilius Nervo zurückgeht, wird in den ckorodischen Villen viel gedichtet. Die ckorodischen Sonette gehören zum festen Bestand der isckarischen Literatur. Die ladugischen Theatergruppen pflegen im Sommer in den Villen neue Stücke zu schreiben und mit den Proben zu beginnen. Auch den Proben darfst Du ohne weiteres beiwohnen.

Die Ladugerinnen haben sogar eine ckorodische Mode kreiert. Viele wandeln barfuss in leichten Tuniken, die in Pastelltönen gehalten sind, fast wie in amerikanischen Monumentalfilmen aber passend zum Klima.

Nach ein, zwei Tagen kehrst Du erfrischt nach Laduga zurück. ◆

Laduga hat mehrere Zentren. In der Oberstadt trifft man sich am Rathausplatz und flaniert um die Kathedrale. In der Unterstadt sind der Morio-Platz (1), der Zollquai (2), der Postplatz (3), der Gogrini-Platz (4) und der Park-Corsu (5) die wichtigsten Treffpunkte. Die Theater befinden sich in der näheren Umgebung des Gogrini-Platzes (T).

Auf den Kanälen (navil) fahren Busboote überall hin, auch zum Lido mit seinen Bädern, Casinos und Hotels und nach Ladugadas. Zur Oberstadt hinauf führt seit 1908 ein Lift, der in den Felsen hineingebaut wurde. Die Talstation befindet sich bei der Post. Früher wurde der ganze Transport von Eseln besorgt, die ohne Treiber, gewissermassen automatisch, den Berg hinauf und hinab trotteten. An der Südostseite des Felsens befindet sich das Höhlenburlik «Gabran», das für seine Aalsoufflées gerühmt wird. Die Häuser der Unterstadt bestehen in der Regel aus Sandstein, Ziegeln und Marmor aus Ckoroli. Typisch sind die «türkischen» Erker aus Holz und die Loggias auf dem Dach, die die fehlenden Parks ersetzen. Die meisten Parties werden dort veranstaltet. Viele Häuser sind auf Dachhöhe von Loggia zu Loggia untereinander verbunden. Brückenszenen sind ein wichtiges Element im ladugischen Theater.

Im Sommer verlagert sich ein grosser Teil des Gesellschaftslebens an den Lido und in die ckorodischen Hügel im Lugdan, wo sich die heutigen Landgüter der burliks befinden. In der Unterstadt ist der Sommer sehr drückend und schwül.

Auf der ganzen Insel berühmt für ihr Bimbeerenglacé ist diese Eisdiele am Lido von Laduga.

13. Morham

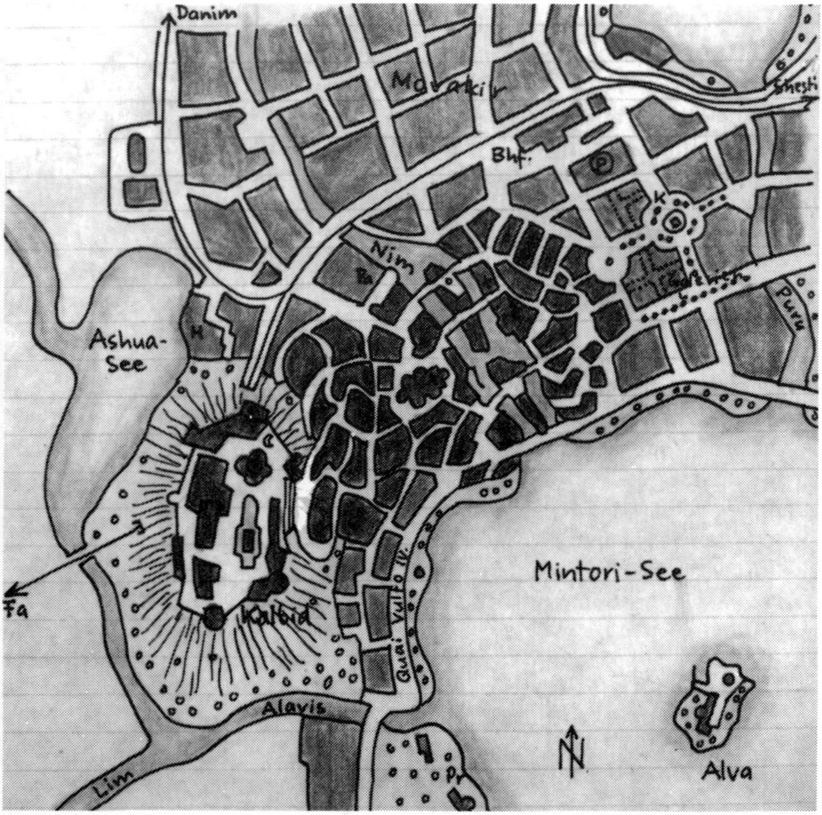

Unter den Städten Isckars gilt Morham als die ernsthafteste, fleissigste und behäbigste. Ihr Wappen zeigt einen weissen Turm auf grünem Grund. Die meisten Häuser bestehen aus braun-rotem Sandstein und haben oft weisse Simse. Morham ist eine sehr alte germanische Siedlung und bedeutet ganz einfach Moor-Dorf. Die Sarazenen machten daraus Al-Murhab und erbauten die Festung Kalbid, die heute zwei burliks beherbergt. Kalbid gilt als noch schöner als die Alhambra in Granada. Die Bibliothek umfasst griechische, lateinische und arabische Manuskripte von einzigartigem Wert. Die Kalbid-burliks betreiben mehrere Schulen, wo arabisch und alte orientalische Sprachen unterrichtet werden. Im Nordwest-Kiosk wohnt der kadi Bal Mukrub, dem die kompliziertesten Fälle Isckars übertragen werden. Ein kleines Museum zeigt Beweisstücke aus früheren Prozessen (M).

Am besten sucht man sich eine Unterkunft in der arabischen Altstadt, beispielsweise im burlik Kfar, das eine grandiose Terrasse sein eigen nennt. Die Basilika, eine frühere Moschee in der christlichen Altstadt, enthält prachtvolle Mosaike aus byzantinischer Zeit. An der Spitalgasse (Rua Ospital) wohnen Ärzte, Heiler, Herboristen, Shiatsu-Praktiker usw. Sicher findest Du dort jemanden, der Dein Leiden kurieren kann. Überhaupt ist Morham das Zentrum der Medizin auf Isckar. Moorbäder, arabische Medizin, Waldfrauen, westliche Spitzenmedizin: alles ist vorhanden. In Morham werden auch die medizinischen Apparate, Medikamente, Verbandsstoffe usw. für die ganze Insel hergestellt. Das neue Spital (H) am Ashua-See ist auf dem neusten Stand der Technik. Eine weitere Attraktion Morhams sind die Konditoreien rund um den

Byzantinische Formen in Morham.

Kazi-Platz (K) und entlang der Avenu Liberasiuni (L). Die beteiligten burliks wetteifern bei der Herstellung von Eclairs, Truffes, Schokoladen etc. Der Gast wird jeweils um ein Urteil gebeten.

Morham war im Mittelalter eine Marktstadt mit wenig eigenem Handwerk. Die Emirs und späteren normannisch-sächsischen Grafen hielten sie immer gut unter Kontrolle. Als Universitäts- und Verwaltungsstadt war Morham immer von den herrschenden Regimes abhängig und hat kaum einen der unzähligen Aufstände und Rebellionen mitgemacht. Meist verhielt sich Morham neutral, wartete ab, bis sich ein Sieger herausstellte, dem sich Morham anschloss. Die Morhamer kamen dadurch in schlechten Ruf: sie galten als «schwankend», «träge» oder «feige». Die Arbeiter in der Textil- und Maschinenindustrie gehörten jedoch zu den Pionieren der burlik-Bewegung, obschon sie in ihrer Stadt wenig Unterstützung fanden. Umso konsequenter setzten sie ihre Ideen in die Praxis um. Was in Morham möglich war, konnte anderswo umso leichter durchgeführt werden.

Aus den Zeiten, als Morham Hauptstadt von Isckar war, sind die wenigen zentralen, landesweiten Aufgaben geblieben, die in Amberland existieren: Telephon, Computerdienst (666), Post, Devisenkommission, Notfallalarm. Aber selbst die Inselversammlung wählt für ihre Tagungen lieber ein Belle Epoque Hotel in Vilya im Winter oder das ehemalige Lungensanatorium bei Albo im Sommer als den muffigen Parlamentspalast (Pa) am Nim-Ufer. Heute wird das Gebäude als Kino mit Cinerama-Anlage genutzt. Auch die anderen Regierungsgebäude werden entweder von burliks bewohnt oder als Cafés, Hotels oder Partylokale benutzt, so beispielsweise der Sitz des Präsidenten (Pr) am Ufer des Mintori-Sees, gegenüber der Insel Alva.

Für einen Aufenthalt oder Besuch eignen sich die burliks Royal, Imperial, Bellevue und Davidov am besten, denn sie befinden sich alle in ehemaligen Luxushotels am Quai Vulfo 4. und ihre Zimmer verfügen über Balkone mit Seesicht. Die Architektur besticht durch ihren ironischen und leicht protzigen Charme. Vom Besucher wird nach drei Tagen Aufenthalt im burlik Mithilfe im Service erwartet. Die ursprünglichsten burliks befinden sich in den ehemaligen Arbeiterquartieren nördlich vom Bahnhof und entlang den Geleisen. Einige sind wahre Selbstversorgungsburgen mit Gärten im Innenhof und auf den Dächern, Kaninchenställen, Gemeinschaftsküchen Sonnenkollektoren aus den 20er Jahren (!). Sie tragen Namen wie Atak (Angriff), Sintil (Funke), Bolun (Wille), Komundom (Gemeinschaftsheim), Mashinimu (unsere Maschine) usw. Die ursprünglich sehr herben Sitten dieser burliks, die sich aus dem dauernden Kampf gegen die Stadtregierung und die faschistischen Horden der Industriellen herausgebildet hatten, haben sich inzwischen verfeinert und gelockert. Die burliks sind heute Besuchern gegenüber sehr aufgeschlossen und zugänglich. Ein grosses Strassenfest findet im ganzen Quartier Movakir am 23.Juni statt. Zum Gedenken an eine Strassenschlacht im Jahre 1908 zeigen die Do- und Ritterinnenorden des ganzen Landes ihre Künste. Theater und Velorennen sind weitere Attraktionen. Auf dem Udan-See finden Regatten statt. Jedes Jahr im Mai wird das Kanu-Rennen der Stadtquartiere ausgetragen. Seit Jahren gewinnt das Kalbid-Quartier. Ein Gerücht will wissen, dass die Ruderer vom Burghügel sich mit einer arabischen Wunderdroge in Form bringen.

Da Morham mitten im Seengebiet liegt, fahren Fähren in alle Richtungen. Der Haupthafen liegt oberhalb von Movakir am Udan See.

Pandora versus Jules Verne

Ich wohnte im burlik Ardeko im Movakir-Quartier in Morham. Eines Morgens, als ich dem Nim entlangspazierte, gelangte ich zu einem Gebäudekomplex, der durch seine Betriebsamkeit und Unordnung auffiel. Eigentlich handelte es sich um zwei Fabriken, die durch Brücken miteinander verbunden waren. Beide hatten Gleisanschluss. Als ich mich näherte, stellte ich fest, dass das Areal zur linken nur von Frauen, das zur rechten nur von Männern bevölkert war. Alle trugen jedoch Überkleider und verrichteten handwerkliche Arbeiten. Ich betrat das Areal der Männer. Der Eingang war mit einem Portrait von Jules Verne geschmückt und trug auch seinen Namen in grossen, goldenen Lettern. Da ich etwas verloren herumstand, kümmerte sich bald ein junger Mann von etwa 20 Jahren um mich.

Im Freilichtmuseum der TAT-Werkstätten in Morham steht die erste Generation von Windenergieanlagen.

Er hiess Nulfo und trug einen roten Overall. Er erklärte mir, dass ich mich in der Werkstatt für technische Inventionen «Jules Verne» befinde (Telye Anoyur Teknis, TAT). In verschiedenen Abteilungen wird an diversen Materialien, vom Keramik zum Metall, gearbeitet. Einige hundert Männer waren an der Arbeit. Die Werkstatt wurde von der Stadt betrieben und jeder konnte mitmachen. Nulfo führte mich zunächst in die Kantine, die zugleich als «Problem-Büro» diente. Ein langes Anschlagbrett war bedeckt von Zetteln und Skizzen, auf welchen Probleme der Gesuchsteller aus ganz Amberland aufgeführt waren. Die Handwerker wählten das Problem, das am meisten interessierte oder dessen Lösung schon absehbar war, und begannen mit der Arbeit. Oft wurde zunächst der Gesuchsteller um genauere Angaben angegangen und manchmal wurde die Hilfe von TATs in anderen Städten in Anspruch genommen. Zahllose Gesellschaften beschäftigten sich ebenfalls mit Problemlösungen aller Art, so dass die TATs auf ein grosses Netz kompetenter Fachleute zählen konnte. Grössere Projekte wurden von diesen Gesellschaften koordiniert. Um zu verhindern, dass Doppelspurigkeiten bei Problemlösungen auftreten, waren die Gesellschaften angehalten, sich über die in Arbeit befindlichen Projekte gegenseitig zu informieren. Eine grosse Bibliothek führte die wichtigen internationalen Fachzeitschriften. Nulfo führte mich durch die einzelnen Ateliers. In der Metallabteilung sah ich einer Gruppe zu, die einen grossen Holzherd konstruierte. Das Arbeitstempo schien sehr gemächlich. Manchmal setzte sich ein Arbeiter einfach hin und schien zu meditieren.

«Dies ist ein neues Modell mit extrem hohem Wirkungsgrad und Abwärmenutzung», erklärte mir Nulfo, «der Holzherd der neunziger Jahre.»

«Wir werden sehen, was Pandora dem entgegenstellt», sagte ein Arbeiter und lachte.

«Wer ist Pandora», fragte ich höflich.

«Die weibliche TAT auf der anderen Seite», erwiderte Nulfo erstaunt, «kennst Du sie denn nicht?»

«Ich bin neu hier.»

«Dann werde ich Dir alles erklären. Wir haben herausgefunden, dass Frauen und Männer für die gleichen Probleme nicht immer die gleichen Lösungen finden. Frauen und Männer haben unterschiedliche Ansätze, Probleme anzugehen. Daher haben wir beschlossen, das ist jetzt etwa dreissig Jahre her, die TAT in Morham sozusagen doppelt zu führen. Die Problemstellungen werden beiden Werkstätten vorgelegt und separat behandelt. Wenn die Lösungen schliesslich gefunden sind, treffen sich die Arbeiterinnen und Arbeiter und schauen sich ihre Produkte an.»

«Interessant», sagte ich, «und dann?»

«Dann kann verschiedenes passieren: oft finden die Frauen- und Männerteams die gleichen Lösungen, was bei einfachen Problemen meist der Fall ist. Oder die beiden Teams einigen sich auf die bessere der beiden Lösungsansätze und entwickeln das Produkt gemeinsam weiter. Oder aber beide Teams beharren auf ihren Ansätzen und dem Gesuchsteller wird die Entscheidung überlassen, welcher Weg gewählt werden soll.»

«Das macht die Arbeit sicher spannend.»

«Und wie!» sagte Nulfo lachend.

Wir schauten zu, wie eine gemischte Gruppe von Arbeiterinnen und Arbeitern im Innenhof um einen leise brummenden Apparat herumstand und sich mit Champagnerkelchen zuprostete. Offenbar war ein weiblich/männliches Produkt zustande gekomen. Ich wurde zur Taufe eingeladen. ◆

Ambrische Diskretion: das Kleptovox wurde von den TAT-Werkstätten entwickelt! Ein Gummitrichter mit Luftlöchern verhindert, dass Gespräche von im gleichen Raum Anwesenden unfreiwillig mitgehört werden müssen. Gleichzeitig dient das Gerät auch als Inhalationsapparat, indem am Trichter Eukalyptus-Tabletten befestigt werden. Zur Reinigung und Sterilisation wird die Zelluloidmembrane B entfernt.

Die Seen

Morham liegt mitten in der Larskura-Seenplatte und Du würdest einen grossen Fehler machen, wenn Du diese einzigartige Landschaft nicht besuchst. Eigentliche Ausflugsziele können allerdings schwer angegeben werden. Am besten begibst Du Dich zum Hafen am Udan-See. Dort legen kleine und grosse Kähne aller Art an. Zum Teil gehören diese flachen und breiten Schiffe zu einzelnen burliks. Es verkehren auch Linienboote auf dem Seensystem, die

Die Larskura-Seenplatte, etwa 15 km nordwestlich von Morham.

eine bestimmte Route zu unregelmässigen Zeiten befahren. So kannst Du von Morham nach Nishur gelangen, nach Danim, Bir, Menzuri, ja bis nach Albo. Egal, welches Boot Du wählst: die tagelange Reise durch das Seensystem mit seinen geheimnisvollen Kanälen, vorbei an seinen verträumten Buchten, dunklen Wäldern am Ufer und lauschigen Weilern ist ein unvergessliches Erlebnis. Besonders zu emfehlen sind die kleinen burlik-Kähne, wobei Du am besten gleich beim Einladen mit anpackst. Larskura gilt als das Land der 333 burliks, die genaue Zahl hat al-

lerdings niemand ermittelt. An einsamen Buchten, auf unzugänglichen Halbinseln und Inseln haben sich burliks mit sehr eigenartigen Lebensweisen entwickelt. Oft sprechen die Menschen dort eine Sprache, die nur sie verstehen. Viele burliks sind 100% selbstversorgend und unterhalten keine fainus. Sie nehmen auch an den inselweiten Unternehmungen nicht teil, schicken keine Delegierten an Konferenzen, lehnen das Telephon ab und pflegen keine Beziehungen zu den verschiedenen Gesellschaften. Diese burliks aufzusuchen, ist schwierig, denn sie sind auf keiner Karte verzeichnet. Das Larskura-Gebiet ermöglicht jungen Isckarern, sozusagen unbemerkt neue burliks zu gründen oder verlassene burliks neu zu besiedeln. Larskura ist das Land der unbeschränkten Möglichkeiten. Es ist auch kein Zufall, dass die literarische Bewegung der transrealen Hermetiker Ende der 20er Jahre hier entstanden ist.

Auf einem sogenannten fainu-Boot kommst Du an Dutzenden von burliks vorbei. Überall werden Güter nach dem eingespielten System der Tauschverträge ein- und ausgeladen. Nachrichten und Briefe werden weitergeleitet, Passagiere mitgenommen. Abends bist Du Gast in verschiedenen burliks. Einige burliks ähneln den Pfahlbauten, zum Beispiel Hayuda irgendwo nordwestlich von Morham, andere bestehen aus acht- bis zehnstöckigen Holztürmen oder aus einem Netz von Baumhütten. Quadrofon, Civitas nova und Alok sind geplante soziale Experimente mit unregelmässigen Grundrissen und durch Gongs und Glocken unterteilten Tageszeiten. Im Larskura befinden sich auch die geheimen «Nester» der Wanderer-burliks. Die Wanderer sind die meiste Zeit unterwegs und treffen sich hie und da in ihren «Nestern», um die Kinder aufzuziehen. Sie sind meistens alleine unterwegs und betätigen sich als Sänger, Portrait-Zeichner, Akrobaten, Köche, Schneider, Kleinchirurgen usw.

Das Larskura ist ein topographisches, soziales und kulturelles Labyrinth. Wer sich hineinwagt, weiss nicht wo, wann und ob er überhaupt wieder hinausfindet. Wenn Du nicht mehr weiter weisst, frage nach dem nächsten Anlegeplatz eines Linienbootes. Nur so bekommst Du den Ariadne-Faden der Zivilisation wieder in die Hand. ◆

14.
Talsum

Das «erste» burlik Amberlands: Dido im Quartier Ubotok in Talsum.

Talsums Stadtwappen zeigt eine weisse Muschel auf schwarzem Grund – wahrscheinlich eine Abwandlung der historischen Piratenflagge von Rollo Langer. Talsum ist die englischste und zugleich mediterranste Stadt von Isckar, wahrscheinlich auch die Älteste. Sie wurde von silberhungrigen Phöniziern einige Jahrhunderte vor unserer Zeitrechnung gegründet, wie die Ausgrabungen in El Talsa auf dem Burghügel zeigen. Baal-Statuen, Melkar-Tempel, Tinit-Figuren und andere phönizische Artefakte wurden gefunden. Die Mu-

schel war auch ein Attribut von Tinit, was für einen phönizischen Ursprung des Motivs im Wappen von Talsum sprechen würde. Die Griechen und Römer benutzten den Hafen von Talsum, die Vandalen eroberten die Stadt, die Byzantiner verloren die Stadt an die Sarazenen, die Spanier wiederum «befreiten» sie, die Normannen konnten sie nicht halten und schliesslich fand Talsum zu sich selbst, als der Pirat Rollo Langer Talsum zur Piratenstadt machte (1643-1711). Zwar

Rollo Langer in einer zeitgenössischen Darstellung.

steht in Talsum kein Denkmal zum Gedenken an Rollo Langer, der selbst nicht aus Talsum sondern aus Deutschland stammte, aber in Talsum wird sich kein Kind finden, das nicht beim Piratenspiel dem Vorbild Rollo Langer nacheifern würde. Für alle Herrscher, auch für Rollo Langer, war Talsum eine heisse Kartoffel. Die Bergarbeiterstreiks im nahen Gouta und die Aufstände der Metallarbeiter in Talsum selbst haben alle wichtigen Bewegungen in Isckar ausgelöst. Die ersten fainus kamen zwischen Talsum (Ubutok) und den Bergbauerndörfern im Elbur zustande. «Dido» in Ubutok gilt als ältestes burlik auf Isckar. Noch immer wird dort die berühmte Bohnensuppe zubereitet, die 1864 die Arbeiter und Arbeiterinnen bei ihrem Streik vor dem Verhungern bewahrte. Diese Bohnensuppe «fasulmaga» gilt als eigentliche Geheimwaffe der isckarischen Arbeiter des 19. Jahrhunderts.

In Talsum werden die Eisenbahnwaggons, Busse, Lastwagen und Automobile für Isckar produziert. Aus seinen Stahlwerken stammen heute noch Schienen, Rohre, Bleche, Eisenträger usw. Diese Industrien wurden mit englischem Kapital errichtet, was die englischen Namen wie Blackwell, Macrory und Carson belegen. Aus englischer Zeit (1712–1873) stammen die meisten Gebäude der älteren Neustadt, auch die anglikanische Kathedrale an der Plas Yorgi. Es gibt Clubs, Golfplätze in St.Mikis, Pubs, englisches Bier, Doppeldeckerbusse etc. Viele Talsumer stammen aus Irland, manche sind IRA-Flüchtlinge. Ein weiterer Grund für den Rückzug des englischen Kapitals.

Das Zentrum von Talsum ist die Matla, ein grosser Platz in der Midina. Die Matla wird von Cafés gesäumt. Die Talsumer pflegen zwischen dem alten Hafen, dem alten Rathaus (R) auf der Matla hin und her zu promenieren. Die Matla bildet dabei das Bindeglied oder Niemandsland zwischen der arabischen Altstadt und dem christlichen Altek. Die Moschee am Hafen ist seit der Ankunft der Sarazenen ununterbrochen in Betrieb. Der Anteil der Moslems an der Stadtbevölkerung liegt heute bei 10%. Ein anderes gesellschaftliches Zentrum ist das ehemalige Hotel Britannia (B) am Quai Rabas, wo in den Salons Bridge gespielt und Tee getrunken wird. Dort werden auch laufend Vorträge, Konzerte und Rezitationen geboten. Die meisten Clubs befinden sich an der Avenu 17 Yuliu, der früheren Einkaufsstrasse. Die Mitglieder der Clubs gehö-

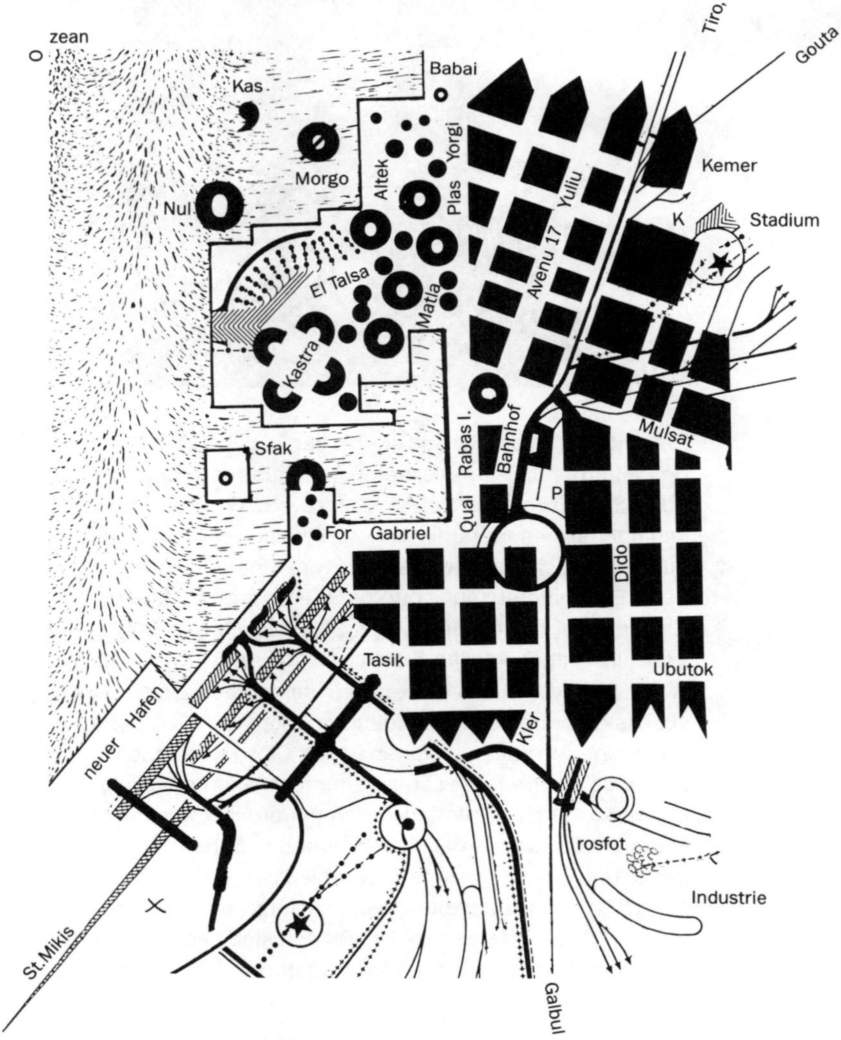

Maurische Architektur
in Talsum.

ren zugleich zu burliks und sind in der Regel auch in den landesweiten asosiasiuns vertreten. Die Clubs verfügen über eigene Schlafzimmer, Küchen, Salons etc. und bieten Unterschlupf, falls es im burlik Schwierigkeiten geben sollte. Zudem sorgen sie für Abwechslung vom Einerlei des burlik-Lebens. Es existieren Clubs nur für Frauen, nur für Männer, nur für Nichtraucher, nur für Junge, Billiardspieler, Kleinwüchsige, Brillenträger, Adelige, Fischer, Nachlässige und Elegante. Wer in seinem burlik nicht ganz auf seine Rechnung kommt, sucht sich seinen Club. Allerdings anerkennen die Clubs kein Gastrecht. Am zugänglichsten ist der Club «Kosmopolit», wo Reisende aus fremden Ländern immer willkommen sind (K). In der Kastra (Burg) befindet sich ein archäologisches Museum, wo Funde aus den Ausgrabungen auf dem Hügel und in der Umgebung Talsums gezeigt werden (M). Ein Spaziergang durch das Ausgrabungsgelände lohnt sich des romantischen Ruinenparks wegen. Die Ruinen sind allerdings echt. Vom phönizischen Turm (T) kann man die Aussicht auf die ganze Stadt und die Inseln Nul, Kafin, Morgo und Kas bewundern. Altek ist ein Fischerhafen, der mit Talsum zusammengewachsen ist. Am kleinen Hafen befinden sich einige Fischerburliks, z.B. Miku oder Kolar, wo man gemütlich die einheimische Fischsuppe (beshkal), gebratene Dorades oder Austern geniessen kann. In der Nähe liegt die alte Post, wo sich sehr schön wohnen lässt. Die neue Post ist hingegen ein nüchterner Zweckbau aus der Jahrhundertwende und steht beim Bahnhof. Im ehemaligen Sitz des englischen Gouverneurs in Babai unterhält die asosiasiun «Savoir vivre» eine Villa, wo manchmal Zimmer frei sind, sofern gerade einige Mitglieder abwesend sind. Die dortige Küche pflegt die klassische französische Kochkunst.

Im Industriequartier Talsik kann die Automobilfabrik «Keler» besichtigt werden, wo die isckarische Automobilasosiasiun Autos in Einzelanfertigung herstellt. Die Arbeiter zeigen Dir gerne die Werkstätten, ihre Produkte und Pläne. Während früher vorallem legendäre Modelle nachgebaut wurden, wird jetzt mit Elektromobilen, Solarmobilen und geländegängigen Spezialfahrzeugen experimentiert. Vielleicht wirst Du zu einer Probefahrt eingeladen.

Gouta

Wer in Talsum angelangt ist, sollte Gouta nicht versäumen. Am bequemsten ist die Zufahrt mit der Eisenbahn. Es handelt sich dabei um die älteste Bahnlinie Isckars. Eine etwa zweistündige Fahrt bringt Dich zuerst durch die fruchtbare Küstenebene, dann durch wilde Gebirgsschluchten. Im Tal von Gouta sind rundherum die roten Wunden sichtbar, die der Eisenerztagbau den Bergen zugefügt hat. In Gouta wurde seit vorgeschichtlicher Zeit Erz zu Eisen und Stahl verhüttet. Eisengegenstände aus Gouta sind im Iran, in Westafrika und im Böhmerwald gefunden worden. Die Eisenmänner von Gouta galten als Magier und waren überall gefürchtet und geachtet. Unter den Städten Isckars ist Gouta darum besonders sehenswert, weil es nach dem Erdbeben von 1935 völlig neu und modern wieder aufgebaut worden ist. Nur eine grosse Kuppel

aus Glas und Stahl, die beiden Haupterzeugnisse von Gouta, die einige Ruinen der alten Stadt überspannt, erinnert an die Vergangenheit. Der Rest der Stadt ist schachbrettartig angelegt und besteht aus eleganten Stahl-Beton-Glas-Bauten. Die burliks sind durch Galerien verbunden. Grosse Wintergärten – auch sie aus Stahl und Glas – verhelfen der Stadt während der strengen Winter zu angenehmen Promenaden. Da Stahl, Glas und Zement an Ort und Stelle erzeugt werden, ist diese «moderne» Architektur hier nicht Angeberei, sondern ökologisch sinnvoll. Gouta, die goutische Moderne oder die moderne Goutik, stehen für ein konsequentes, schnörkelloses Städtebaukonzept, wie es nirgendwo auf der Welt zu finden ist. Gouta ist eine reine Fussgängerstadt.

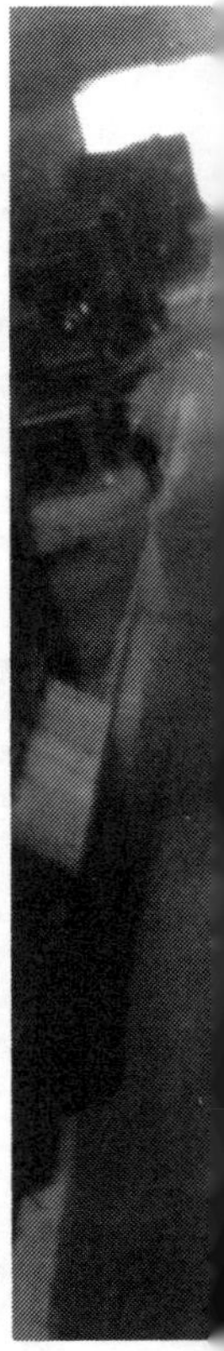

Sehenswert sind das Eisenmuseum, die Treibhauskulturen, die dreidimensionalen Gärten, die Stahlwerke, die Stahl- und Bergarbeiter-Klubs. Von den 45'000 Einwohnern sind etwa 7'000 Männer und Frauen in den Bergwerken, Glasfabriken und Stahlwerken tätig. Während einige zu traditionellen Bergbau- und Stahlburliks gehören, kommen andere aus allen Regionen Isckars. Etwa 3'000 Personen leben daher nicht in echten burliks, sondern in den erwähnten Klubs, die als landesweite Gemeinschaftsunternehmen über Spezialverträge von den burliks des Südwestens unterhalten werden. Diese zeitweiligen, freiwilligen Berg- und Stahlarbeiter bleiben meist nur ein paar Jahre hier und kehren dann in ihre Heimat zurück. Dafür erzeugt Gouta praktisch den ganzen Stahlbedarf der Insel (310'000 Tonnen), der allen burliks zur Verfügung steht. Die Hauptanstrengungen gehen heute dahin, Gouta zu einer «weissen» Stadt zu machen, das heisst, die industrielle Verschmutzung auf null zu reduzieren. Zugleich hofft man, auch die Stahlproduktion allmählich auf 180'000 Tonnen senken zu können und sie für die nächsten drei Jahrhunderte auf diesem Niveau zu stabilisieren.

Während sich heute immer genug Freiwillige finden, die die Eisenproduktion aufrechterhalten, wurde in den 30er und 40er Jahren eine originelle Rekrutierungsmethode praktiziert: goutische Stahlarbeiter schwärmten als wandernde Kartenspieler aus. Statt um Geld pokerten sie um

Arbeitsjahre. Wer also verlor, musste ein, zwei oder gar drei Jahre nach Gouta in den Stollen. Als Gewinne winkten Taschenmesser, Präzisionswerkzeuge und Schmuckkettchen aus Chromstahl.

Hüttenwerk in Gouta.

Von Gouta aus führt die Bahn weiter ins wilde Iso. Dort befindet sich eine Kohlenmine. Die Stadt Iso mit 9'000 Einwohnern klebt hoch oben an einer steilen Felswand. Die Häuser sind in den Fels gehauen und stammen aus dem Mittelalter und aus vorphönizischer Zeit. Ein Aufenthalt in einem der hängenden burliks ist ein Erlebnis, das mit gutem Grund atemberaubend genannt wird. Im burlik «Kalmik» ist der Fleischkuchen besonders zu empfehlen. Von Iso aus können Bergwanderungen und Klettertouren ins Munt Alun-Massiv unternommen werden. Ausrüstungen stellt die Munt Alun-Gesellschaft in Iso zur Verfügung. ◆

burliks in Krise

Jedes Land hat seine Jugendprobleme. Und Amberland? Im Club «Globe» in Talsum hatte ich Gelegenheit, ein Gespräch mit Mariu Tellur, einem Mitglied der Psychologischen Gesellschaft, zu führen. Hier eine Tonbandabschrift:

P.M.: Lieber Mariu, in Deinen Schriften bezeichnest Du die Adoleszenz als «zweite Chance», die uns gegeben ist, um all das auszubügeln, was in der Kleinkindphase falsch gelaufen ist. Wenn die Jugendlichen diese Chance wahrnehmen, können sich Bewegungen entwickeln, die die ganze Gesellschaft durcheinanderbringen und zu einem schnelleren kulturellen Wandel führen. Wie verdaut Isckar solche Umwälzungen?

Mariu: Nun, «verdauen» ist wohl das falsche Wort – vielmehr lebt Isckar davon. Aber ich muss da noch etwas weiter ausholen. Im allgemeinen ist in einem burlik die Kleinkinderfahrung weniger traumatisch als in einer isolierten Kleinfamilie bei Euch. Schon ab zwei Jahren haben die Kinder einen grossen Spielraum, rennen weit herum und werden von ihren älteren Geschwistern betreut. Die Eingliederung in einen ersten kulturellen Rahmen des burliks erfolgt früh. Das burlik ist ja keine Familie, sondern ein Mittelding zwischen Grossfamilie und Weltgesellschaft. Das erleichtert vieles. Bei der Pubertät hat sich also nicht derart viel Ablösungsarbeit aufgestaut wie bei Euch. Die Ablösung erfolgt eher von den Kindheitskameraden als von den Eltern. Da gibt es verschiedene Möglichkeiten. In gewissen burliks werden Jugendliche mit einer grossen Zeremonie einfach mindestens für zwei Jahre hinausgeschmissen...

P.M.: Führt das nicht zu Widerstand?

Mariu: Manchmal schon. Es kann eine gewaltsame Sache sein. Aber es ist durch Rituale etwas abgesichert. Manchmal kommt es allerdings zu furchtbaren Szenen. Aber das sind eher Ausnahmen – wichtige Ausnahmen, die auch Erlebnisse und existentielle Einschnitte erzeugen. In anderen burliks ziehen Jugendliche in ihr eigenes Haus, bilden ein Jugendhaus innerhalb des burlik. Es sind dies burliks, die ohnehin sehr offen sind, wo also die Entfer-

nung nicht so wichtig ist. In burliks mit viel «Nestwärme» finden wir eher den Rausschmiss, in lockeren burliks eher die Ausgrenzung, in ganz unverbindlichen burliks passiert gar nichts, vorallem in Städten wie Laduga und Talsum. Die Jugendlichen treffen sich dort auf Stadtebene und haben ihre eigenen Cafés, Plätze etc. Manche Quartiere richten Jugend-burliks ein, das sind einfach leere Gebäude, wo die Jugendlichen machen können, was sie wollen, ohne mit ihrem Getue den burlik-Betrieb zu stören.

P.M.: Jetzt sprichst Du doch von Störung. Vorher hast Du gesagt, dass der Protest der Jugendlichen wichtig ist.

Mariu: Wichtig und unwichtig. Vieles wiederholt sich einfach in jeder Generation – Du kennst das ja. Diese Pärchengeschichten, etwas Kraftmeierei, ein paar Streiche usw. Daneben organisieren sich aber die Jugendlichen ganz ernsthaft, bringen zum Ausdruck, wo sie die gesellschaftlichen Zwänge spüren und lösen eben einen kulturellen Wandel aus. Ein erster Schub erfolgte in den dreissiger Jahren, als die Struktur der meisten Gründer-burliks umgestossen wurde. Damals wurde das heute allgemein übliche Lossystem gegen die Geriarchie, die informelle Herrschaft der Gründerherren und -damen, durchgesetzt.

P.M.: Das ging sicher nicht ohne Kämpfe ab.

Mariu: Natürlich nicht. Aber im Allgemeinen gab es nur Kraftproben im burlik-Innern. Streiks, Boykotte, Liebesentzug etc. Tönt harmlos, war aber hautnah und schrecklich. Und nun haben wir eine neue Bewegung...

P.M.: Ich verstehe das nicht, die Jugendlichen haben auf Isckar doch alle nur denkbaren Freiräume.

Mariu, lachend: Wer will denn schon Freiräume? Natürlich kann jede beliebige Gruppe von Jugendlichen von heute auf morgen ins Larskura ziehen und dort ihr eigenes burlik oder sonst etwas Selbstversorgendes aufziehen. Es gibt auch die neue Stadt Almedin – ursprünglich ein Jugendprojekt. Niemand hält irgendeine Jugendliche irgendwo fest. Aber Freiräume sind nicht ernsthaft genug. Man will sich nicht nur austoben, sondern etwas real verändern.

P.M.: Und was könnte das hier sein?

Mariu: Seine Grenzen. Isckar ist eine geschichtliche Nische. Die neue Generation akzeptiert das nicht mehr. Sie *will hinaus.*

P.M.: Etwa Jobs suchen in den USA? Arbeitslos herumhängen in Spanien? Junge dynamische Firmen aufbauen in der Schweiz?

Mariu: Na, so dumm sind sie ja nicht. Sie wissen sehr gut, was für Zustände bei Euch herrschen. Sie haben Euer Wirtschaftssystem klar durchschaut und keiner sehnt sich nach ein paar kapitalistischen Erfahrungen – vorallem nicht, wenn man zuunterst einsteigen muss. Der kulturelle Austausch ist aber ein Problem. Gewisse Musikgruppen kommen nicht nach Isckar, weil es hier nichts zu verdienen gibt. Es wird zwar immer besser. Nein, die Jugendlichen wollen das Missionsverbot durchbrechen.

P.M.: Was für ein Missionsverbot?

Mariu: Nun, es ist kein offizielles Verbot und wurde auch nie explizit formuliert. Aber es war schon immer klar, dass die burliks etwas für Isckar waren; etwas, das sich aus einem glücklichen Zufall heraus nur hier entwickeln konnte und das niemandem empfohlen oder gar aufgezwungen werden sollte. Man sagte sich: wenn die anderen es selber nicht merken, sind sie selber schuld. Eine ziemlich faule Argumentation. So hält man sich allerdings auch aus allem internationalen Ärger heraus. Doch damit wird bald Schluss sein. Zehntausende von isckarischen Jugendlichen und viele ältere Menschen bereiten sich aufs Auswandern vor. Sie werden überall burliks gründen helfen.

P.M.: Sie werden wie Heuschrecken über unsere Städte herfallen und burliks anreissen? An jeder Strassenecke?

Mariu: Nicht ganz so chaotisch. Aber im Prinzip ja. Sie werden auch Leute zu Besuchen auf die Insel einladen. Die Isolation wird durchbrochen werden. Es wird viel Ärger geben (seufz).

P.M.: Aber es gibt doch jetzt schon viele Kontakte zwischen den burliks und der Welt.

Mariu: Das sagen die Alten. Aber die bestehenden Kontakte sind leise, konstruktiv und fast intim. Die Jungen wollen nun aber schnell vorwärts machen, offensiv, mit hohem Einsatz. Der Einsatz ist Isckar.

P.M.: Sie wollen Isckar zugrunde richten?

Mariu: Sie wollen es nicht. Aber Du kannst Dir ja die Konsequenzen ausdenken. Die US-Regierung, der sowjeti-

sche Staat, alle anderen Regierungen werden sich das nicht einfach gefallen lassen. Es wird zu Repressalien gegen Isckar kommen, vielleicht sogar zu einer militärischen Intervention.

P.M.: Also eine Kamikaze-Bewegung?

Mariu: Hoch gepokert. Natürlich – es könnte auch klappen. Angesichts der drängenden Weltprobleme, des Hungers, des Zusammenbruchs des Ökosystems.

P.M.: Das gleiche Lied wie bei uns. Aber es werden trotzdem mehr Autos gekauft denn je. Ich sage Dir: die Welt lässt sich nicht mehr retten. Alles, inklusive wir selbst, ist schon zu kaputt. Aber wenigstens gibt es bis heute noch Isckar.

Mariu: Du redest wie ein Gründervater. Oder besser noch wie einer aus der Zwischengeneration. Die Gründer waren durchaus noch risikofreudiger, weil sie auch noch nichts zu verlieren hatten. Nein, der Zug ist abgefahren. Niemand wird die Jungen noch bremsen können, weder Jugend-burliks, noch Jugendstädte, noch Freiheit im Dschungel. Schon bald wirst Du diese Hitzköpfe in Deinem Quartier haben und dann rate ich Dir, ein konkretes, rasch realisierbares burlik-Konzept bereit zu halten...

P.M.: Warum unterdrückt Ihr diese Adoleszenz-Krise nicht mit ein paar deftigen Initiationsriten, wie vernünftige Völker das tun?

Mariu: Weil es dann noch schlimmer kommt. Und wer soll diese Riten garantieren? Nur ein Superfaschismus könnte das.

P.M.: Dann ist es also bald aus mit den geruhsamen Ferien auf Isckar?

Mariu: Ich befürchte ja. Du wirst Dich nach anderen Nischen umsehen müssen, wo die Initiation noch funktioniert.

P.M.: Und Du – wirst Du auch auswandern?

Mariu: Ich gehe mit einer Gruppe nach Paris, aus rein wissenschaftlichen Gründen, um teilnehmend beobachten zu können, wie sich alles abspielt.

P.M.: Vielleicht treffen wir uns dort einmal.

Mariu: Vielleicht. ◆

Einige Worte Isckarisch

Die gebräuchlichsten Redewendungen in der Aussprache des zentral-isckarischen Dialektes werden überall verstanden. Das Zentral-Isckarische wird in der Gegend zwischen Obra und Ckoroli gesprochen und in der klassischen Literatur geschrieben.

otvan su!	*Guten Tag*
otvin maza!	*Guten Abend (ab ca. 15 Uhr)*
sava!	*Hallo, Tschüss, ciao*
eki likat?	*Ist es gestattet?*
bensir	*ja, bitte*
desolé	*bitte nicht stören*
mastaf	*danke*
doganustok	*gern geschehen*
mecki	*bitte (Wunsch)*
cka	*ja*
donein	*(selten)*
postavun eki?	*Wo ist die Post?*
burlikimez nagat meckiz	*Kommen sie bitte zu meinem burlik. (Einladungsformel)*
burlikormiz halma ondur	*Fühlen Sie Sich ganz zuhause.*
burlikimuk du mananor	*Ihr burlik ist sehr schön.*
lenis	*(übliches Kompliment)*
mokonim	*Ich bin hungrig.*
siyesim	*Ich habe Durst.*
adrukam	*Ich bin schmutzig.*
tualetivun eki?	*Wo ist die Toilette?*
yetuf meckimzi	*Ich brauche einen Arzt.*
omiz!	*Achtung! Gefahr!*

drakarime — Ich bin fremd hier. (Entschuldigt ein-, zweimal fast alles, dann nichts mehr.)

ilsckarnik manimdo — Ich verstehe kein Isckarisch

bastanuk mastaf — Danke, ich habe genug. (bei angebotenen Speisen. Noch hungrig anwenden)

bastamanuk mamstaf — Danke, es geht wirklich nicht mehr. (nach dem üblichen nochmaligen Anbieten)

ulmaristiz ckondost va sirmondur — Es geht wirklich nicht mehr. (Ein höflicher aber bestimmter Notruf, dass man wirklich genug hat. Anzuwenden kurz vor dem Platzen oder vor dem Delirium tremens.)

sirsim nibin! — Gute Nacht. (Erste Rückzugsformel zwei bis drei Stunden vor dem geplanten Zubettgehen.)

minyol ckozo va godof — Noch ein Glas vor dem Einschlafen. (Kann nicht ausgeschlagen werden.)

sisirsim ninibin! — Jetzt muss ich aber wirklich schlafen gehen. (Vorletzte Abgangsformel)

dogur manizis lenifu rogarmik zi vatackor! — Nur die süssesten Träume können Ihre Gesellschaft ersetzen. (Endgültige Gutnachtformel. Unbedingt auswendigzulernen, wenn Du nicht unter chronischen Schlafmangel leiden willst.)

vastur mangas — Gute Reise

aya kurak — Alles Gute! Viel Glück!

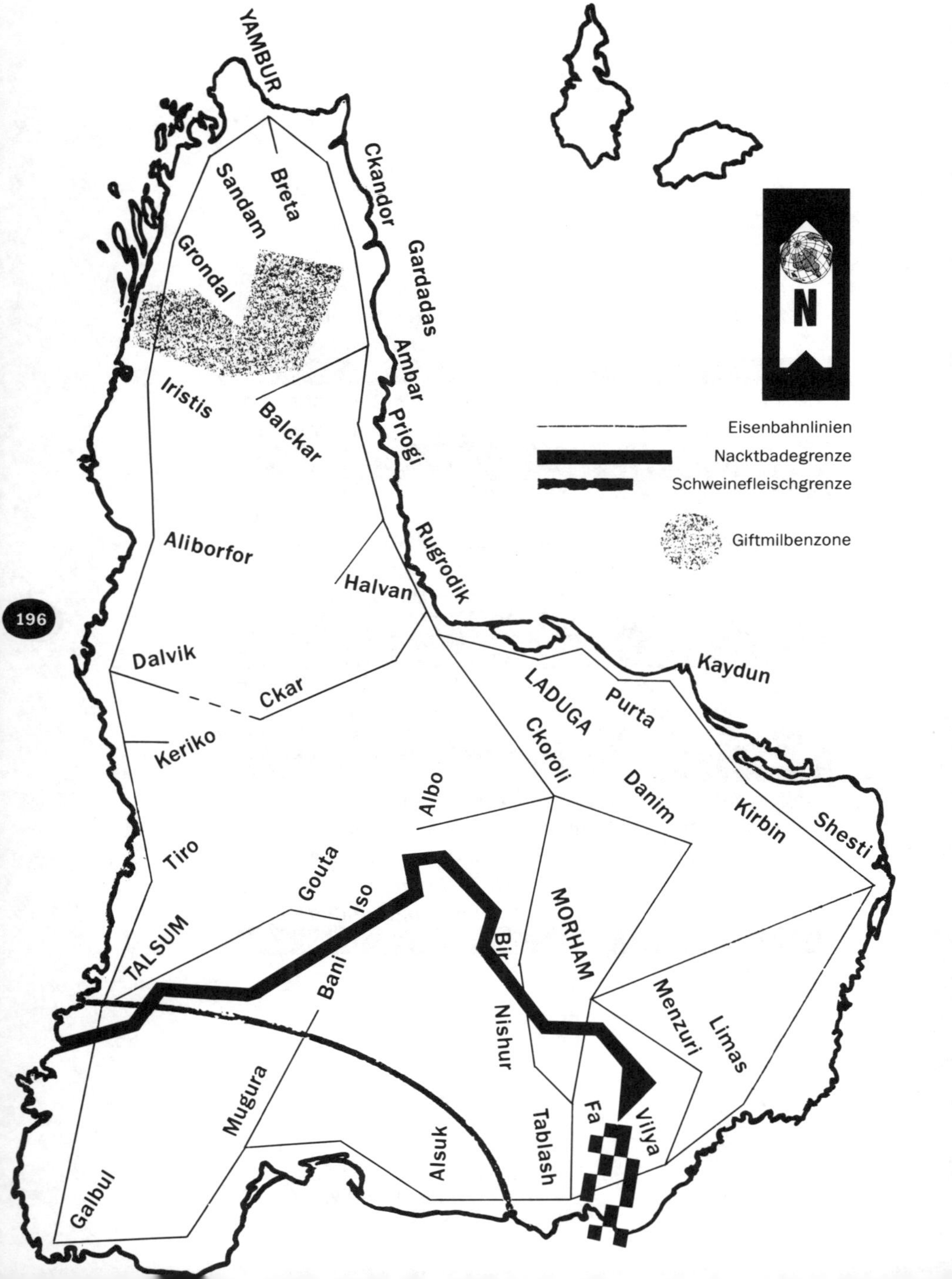
YAMBUR
Breta
Sandam
Ckandor
Grondal
Gardadas
Ambar
Iristis
Balckar
Priogi
Aliborfor
Rugrodik
Halvan
Dalvik
Ckar
Kaydun
LADUGA
Purta
Keriko
Ckoroli
Albo
Danim
Kirbin
Shesti
Tiro
Gouta
Iso
MORHAM
TALSUM
Bir
Bani
Menzuri
Limas
Nishur
Mugura
Fa
Vilya
Tablash
Alsuk
Galbul
N
Eisenbahnlinien
Nacktbadegrenze
Schweinefleischgrenze
Giftmilbenzone

AA
D
W
q
A
lamik
oyfo
ckarka
fasul aubo
yuzba
kérmaf
seri
okra
fasul gedo
pomat
gabàye
ukid

Amberland in Zahlen

Fläche: 72.000 km², davon entfallen auf:
– Gebirge: 26.000 km²
– Wüste: 8.500 km²
– Seen: 2.000 km²
– Wald: 23.000 km²

Höchste Erhebung: 4.423 m.ü.M. (Munt Alun)

Durchschnittstemperatur: Januar 13°C, Juli 22°C
Jahresniederschlag: 344 mm

Einwohner: ca. 3.2 Millionen
Städte:
– Morham: 273.000
– Laduga: 215.000
– Talsum: 156.000
– Yambur: 123.000

Personen pro Auto: 53
Ferien: 32 Wochen/Jahr
Kalorien pro Kopf: 2540
Personen pro Arzt: 200

Staatsform: Monarchie
Wirtschaftsform: Subsistenzwirtschaft
BSP 1987*: 4.32 Milliarden $
BSP pro Kopf*: 1350 $
Wachstum: –4.5%
Arbeitslosigkeit*: 76%
Inflation: 0
Staatsausgaben: 1.2 Milliarden $
Energieverbrauch pro Kopf: 750 ÖE
Zementverbrauch pro Kopf: 110 kg/Jahr

Sprache: Isckarisch
Religion: diverse
Währung: keine

Notizen

Meine neuentdeckten Spezialitäten:

Meine liebgewonnenen burliks:

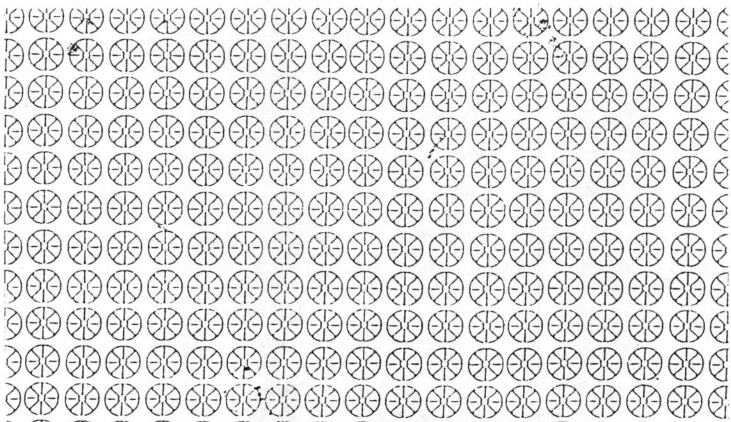

Notizen

Meine wunderschönen Badestrände:

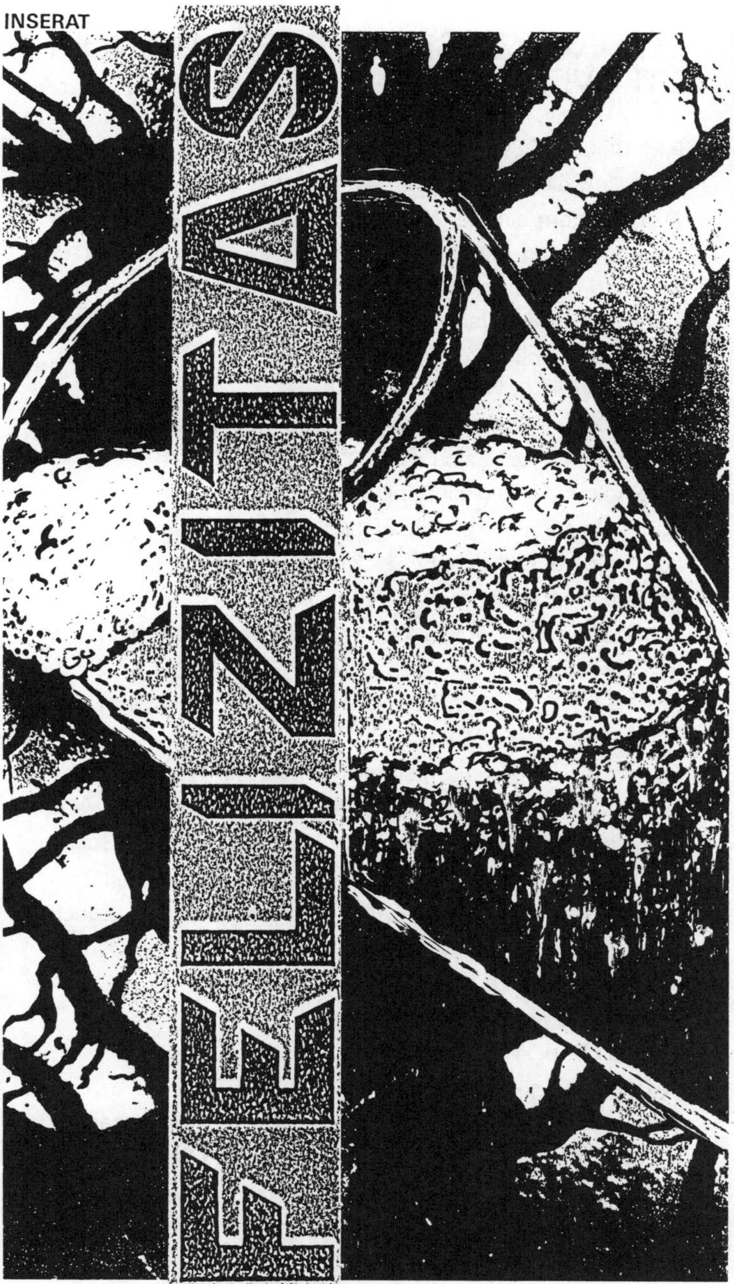
Das umwerfende Waldbier
FELIZITAS
aus Amberland

TITELVERZEICHNIS DES PARANOIA CITY VERLAGES

P.M. BOLO'BOLO

Eine Umwelt ohne Dreck, keine erste, zweite oder dritte Welt, sondern ein Planet für alle; denn die Arbeitsmaschine hat uns alle an der Gurgel: Ökologie vs. Ökonomie, Stadt vs. Land, Arbeit vs. Freizeit. Können diese Widersprüche freiheitlich gelöst werden? bolo'bolo zeigt wie. Ganzheitlich, umfasend, konkret.

Und weltweit

bolo'bolo auf deutsch, 4.Auflage 1989, 201 S. ill. br. 12.-

bolo'bolo auf russisch: Fr.12.- DM 14.-

bolo'bolo auf italienisch: Fr.15.- DM 15.-

bolo'bolo auf portugisisch: Fr.12. DM 14.-

bolo'bolo auf englisch: Fr.12.- DM 14.-

bolo'bolo auf französisch: Fr.12.- DM 13.-

bolo'bolo auf holländisch, spanisch, japanisch in Vorbereitung.

KARTHAGO: LEBENSLUSTIG, ZUKUNFTSSICHER, WIRTSCHAFTSFEINDLICH.

Die Entwicklung der Unterentwickelten führt zum globalen Oekokollaps, der Status quo zur Geiselnahme des Nordens durch den Süden, eine langsame "Verbesserung des Status quo" zum ewigen Inferno. Was tun? Natürlich Karthago aufbauen. Nicht nur in Zürich am Stauffacher in Zürich sondern überall und sofort. Es funktioniert. Wie und warum, hat p.m. gedrängt aber gründlich in dieser Broschüre mit der Goldprägung aufgeschrieben.

1988, 31 S. br A4 Fr. 6.-

KARTHAGO

Eine Anwendung von bolo'bolo mitten in Zürich. Ideen für ein autarkes, ökologisches Leben. Stadt-Land Beziehungen, Energiekonzepte und ein Budget.

NA 1989, br. ill. 80 S., Fr. 12.- DM 14.-

HOTCHA 68

Vor zwanzig Jahren erschien HOTCHA! 1 als erste

deutschsprachige Untergrundzeitschrift in Zürich. 1988 hat HOTCHA! - Macher Urban Gwerder eine neue Ausgabe gezaubert, mit neuem Inhalt im bewährten Stil, unbeirrt verspielt und schön.
1988 Broschüre A4, farbig 32 S. Fr. 5.- DM 6.-

DIE FIXE IDEE

Die vier Italiener gehörten zu den Tausenden von politischen Gefangenen, die in den "bleiernen Jahren" in Untersuchungshaft gehalten wurden, jahrelang. Im gleichen Gefängnis Rebibbia in Rom entstanden diese Erzählungen um Freiheit, Liebe und Erinnerung an draussen. Mit Valerio Morucci, Andrea Leoni, Paolo Lapponi und Lanfranco Caminiti haben wir korrespondiert: Die schriftlichen Interviews zum bewaffneten Kampf, zu ihrer Geschichte und ihrer Verhaftung sind in dem Band enthalten.
1984, englische Broschur, 183 S. Fr.14.80 DM 18.50

DANIEL DE ROULET: ZÄHLEN SIE NICHT AUF UNS

Nicht auszudenken, was Computer ausdenken, wenn sie denken könnten. Alles halb so schlimm, die künstliche Intelligenz ist noch nicht soweit. Daniel de Roulet nahm am ersten internationalen Kongress über Artificial Intelligence teil und hat einen Sachkrimi verfasst, der den natürlichen Intelligenzen Spannung und Fachwissen bringt. Und die Erkenntnis: im Vergleich zur CIA ist der kleverste Computer ein Sonntagsschüler.
Mit einem Anhang zur Geschichte des Computers.
1986, 172 S. br. Fr./DM 15.-

STAUFFACHER, AUSSERSIHL

Über die inventiven Kräfte der neuen Weltgesellschaft.
Zur Geschichte einer Hausbesetzung und über den Kampf gegen Spekulation und für Karthago. Mit vielen Bildern und spannenden Texten.
1985, 217 S. ill. br. Fr. 17.-DM 23.-

in Vorbereitung:

TSÜRI

Der Roman über die Jahre 76-84 in Zürich.
Erscheint im Frühling 90.

Index

Photographinnen:

Urs Fanger: 29
Olivia Heussler: 6/20 o./27/60/69/76/90/105/112/127/129/137
Rose Müller: 22
Franziska Nyffenegger: 21/101 r./157
P.M.: 23/147/166 u./173/182/194
rosfot, Talsum: 22 u./51/68/74/82/83/99/100 l./146/148
Christoph Schütz: 20 u./100/126/134/152/153/156/161/178
Ruedi Steiner: 38/39/48/61/62/63/96/135/141 l./150/166 o./168/170
Emanuel Tschumi: 1/2/4/14/70/75/80/110/141 r./176/180/186

Zeichner:

Ulrich Fleckenstein: 59/104/145

Amberland.
Ein Reisebuch von p.m.

Gestaltung: Emanuel Tschumi
Redaktion: Thomas Geiger
Druck: Fuldaer Verlagsanstalt, Fulda

ISBN 3-907522-05-2

Paranoia city Verlag 1989
Anwandstr.28
8026 Zürich